经典百年海战大观

突袭珍珠港

田树珍／编著

民主与建设出版社

·北京·

图书在版编目（CIP）数据

突袭珍珠港 / 田树珍编著 . -- 北京：
民主与建设出版社，2019.8（2023.4 重印）
（经典百年海战大观）
ISBN 978-7-5139-2590-7

Ⅰ . ①突…　Ⅱ . ①田…　Ⅲ . ①日军偷袭珍珠港（1941）—史料
Ⅳ . ① E195.2

中国版本图书馆 CIP 数据核字（2019）第 158802 号

突袭珍珠港
TUXI ZHENZHUGANG

编　　著	田树珍
责任编辑	程　旭
封面设计	亿德隆文化
出版发行	民主与建设出版社有限责任公司
电　　话	（010）59417747　59419778
社　　址	北京市海淀区西三环中路 10 号望海楼 E 座 7 层
邮　　编	100142
印　　刷	三河市天润建兴印务有限公司
版　　次	2020 年 5 月第 1 版
印　　次	2023 年 4 月第 2 次印刷
开　　本	710 毫米 ×1000 毫米　　1/16
印　　张	15
字　　数	180 千字
书　　号	ISBN 978-7-5139-2590-7
定　　价	49.80 元

注：如有印、装质量问题，请与出版社联系。

大海战 100 年

　　美国杰出的军事理论家马汉于1890—1905年间提出了制海权理论，其核心是"谁能控制海洋，谁就能控制陆地，进而控制整个世界"。因此，掌握全面制海权不仅是海军的核心任务，更是国家的战略目标，人类近代海战史充分印证了马汉这一理论。

　　近百年来，以美国、英国、法国、德国、意大利、日本为首的军事强国都在优先发展海上力量。在第一、第二次世界大战及近代几次战争中，这些国家通过海上封锁、破坏对方海上运输线、海上决战等方式，在一定海域内获得了制海权，进而实现了控制相关陆地的战略目的。

　　这其中，留给我们印象最深刻的是两次世界大战，无论是作战规模、作战样式，还是战争的惨烈程度都是空前的。在这两场战争中，海战这一古老的战争类型，由于使用了新武器、新装备，发生了革命性的变化。当德国的"俾斯麦"号和"提尔皮茨"号、日本的"大和"号和"武藏"号、英国的"威尔士亲王"号等超级战列舰被奉为"海战之王"时，以美国为代表的航空母舰及其战斗群横空出世，在一场场血与火的搏杀中表现出色，为美国最终赢得太平洋战争立下汗马功劳，名正言顺地取代了战列舰成为新的"海上霸主"。同时，随着人类科学技术的不断进步，核潜艇的出现又彻底打破了固有的海战模式，其强大的战略、战术威慑力，使之成为令人生畏的深海杀手。

为了再现近百年的大海战全景，我们精心推出"经典百年海战大观"系列丛书。这套书详细地再现了近百年来海战中的经典战例、著名战舰以及一些鲜为人知的人物故事，共20册，每册讲述一个独立的海战故事，书中涉及日德兰之战、珍珠港之战、珊瑚海之战、中途岛之战、瓜达尔卡纳尔之战、莱特湾之战、马里亚纳群岛之战、围歼"俾斯麦"号战列舰之战等海战史上至今仍然被人们津津乐道的经典战役。

进入21世纪，中国人民解放军海军迅速发展壮大，有力地保卫了祖国海防，但中国海军依然任重道远。要保护我们国家的利益，需要建设强大的海军，需要我们比以往任何时候都更加关注海洋、了解海战的历史。

目 录

第一章
狂妄者的计划

★山本五十六是一个疯狂、好赌、胆大、心细的男人，在他的性格中，赌的特点是最突出的。曾经和山本五十六共事过的法华津孝太这样评价他："美国要是能在太平洋战争爆发之前，对联合舰队司令官山本五十六的性格研究一下，至少可以提前做好预防措施，提防山本五十六对夏威夷发动突然袭击。"他的性格特征以及所处时代的特点，使得他制定出了震惊世界的珍珠港偷袭计划。

★就在山本五十六的联合舰队忙着讨论偷袭计划时，日本政府内部已经悄悄地开始了政治斗争。在政治斗争中，东条英机获得了很大的优势，担任了日本首相。

★东条英机，是一个狂热的好战分子，他上台执政不喜欢谈判，他在国内全面推行自己的战争政策。为了掩饰战争意图，他经常采用烟雾弹和障眼法的方式争取时间。在和美国谈判中，他也一样没有诚意。他的疯狂想法促成了突然袭击珍珠港行动的成功。

第二章
各自心怀鬼胎

★为了迫使英国断绝与日本的关系，美国利用英国对自己经济上的依赖，给英国政府不断施加压力。同时，美国还强迫各国正式承认美国提出的"门户开放"政策，因此，美国很快就获得了在远东和太平洋地区的霸主地位。

★为了让自己的军事实力更加强大，日本决定在今后的日子，在暗地里发展自己的军事实力，然后对美国进行反攻。这就是日本，他们一边和美国进行着"和平"谈判，另一边在暗地里进行着自己的计划。他们只不过借用"和平"谈判来掩盖真实的目的而已。

★在战争爆发前，美国情报界掌握了很多的情报，知道日本的开战意图，也知道战争迟早都得爆发。可是日本究竟什么时候开战，怎么打，美国情报界却无从知晓。

第三章
谍影重重

★领事馆提供的情报大都是一些说明哪些美国军舰在港口停泊,这些都是一般性情报,这些情报根本就无法满足山本五十六制定作战计划的需要。山本五十六需要知道每一艘美国军舰的准确停泊位置、美国在珍珠港空中巡逻以及飞机部署方面的种种问题,这些问题对作战计划的制定以及执行成功与否起着至关重要的作用。日本海军军令部根据山本五十六的要求,决定派一名海军情报专家前往珍珠港。这个人就是吉川猛夫。

★金梅尔与山本五十六,两个人都出生于各自国家的一个小城市,两个人都是1904年从自己国家的海军军校毕业,他们都有坚定的意志和强烈的献身精神。两个人都拥有出色的指挥才能,他们对形势的分析和战局的把握,都能拿捏得恰到好处。两个人都是能立刻吸引别人注意力的人,无论走到哪里都是焦点。两个人都在自己的周围聚集了大量的优秀人才,并且通过自己的人格魅力得到了这些人的尊重。

第四章

神奇电令

★在源田实总指挥官驾驶的那架飞机领航下，第一批进行攻击的183架飞机从6艘航空母舰上连续不断地飞向天空。飞机在舰队的上空盘旋了一个大圈子，于1时45分，掠过"赤城"号航空母舰，径直朝着瓦胡岛方向飞去。

★在珍珠港被袭击之前，美国虽然一直在加强太平洋的军事防御力量，但高傲的美国政府一直认为，日本军国主义分子虽然很嚣张，但是无论如何他们也不敢进攻美国。美国这种分析，是由对日本民族心理、经济状况和军事力量的严重误解而产生的。正是美国政府的自大和麻痹的思想，导致了美军的舰队也没有任何紧张的防卫。

★这时展现在金梅尔眼前的是一幅美国太平洋舰队将要覆没的悲惨景象。他站在那里一动不动，定睛注视着珍珠港所出现的那种像噩梦一样难以置信的现实情景。

第五章
"谋中之谋"

★在演习的过程中，美军机群从珍珠港上空的云层中钻出之后，立即发现世界上最大的珍珠港海军基地就瘫痪在机翼之下，而且根本就没有能力进行反击。在"空袭"的那一瞬间，英国机群没有遭到珍珠港任何防守飞机的拦截。如果实施攻击，那么美国机群就可轻易地将制空权牢牢地掌握了，想要将港内停泊的每一艘军舰毁掉是一件轻而易举的事情。

★当日本的国民看到日本向美英宣战的报纸时，都陷入了一片恐慌之中，大家奔走相告，对日本海军的"荒唐胜利"予以谴责，一些作家和学者，都纷纷拿起笔，将这一令人绝望的时刻记录下来。

★事实上，这些手无寸铁的日本国民，他们大多数是热爱和拥护和平的，他们之所以会这样的恐慌，那是因为他们担心日本政府的行为会惹怒美国，日本将会面临着一场巨大的灾难。

第一章

狂妄者的计划

★山本五十六是一个疯狂、好赌、胆大、心细的男人，在他的性格中，赌的特点是最突出的。曾经和山本五十六共事过的法华津孝太这样评价他："美国要是能在太平洋战争爆发之前，对联合舰队司令官山本五十六的性格研究一下，至少可以提前做好预防措施，提防山本五十六对夏威夷发动突然袭击。"他的性格特征以及所处时代的特点，使得他制定出了震惊世界的珍珠港偷袭计划。

★就在山本五十六的联合舰队忙着讨论偷袭计划时，日本政府内部已经悄悄地开始了政治争斗。在政治争斗中，东条英机获得了很大的优势，担任了日本首相。

★东条英机，是一个狂热的好战分子，他上台执政不喜欢谈判，他在国内全面推行自己的战争政策。为了掩饰战争意图，他经常采用烟雾弹和障眼法的方式争取时间。在和美国谈判中，他也一样没有诚意。他的疯狂想法促成了突然袭击珍珠港行动的成功。

1. 好赌之人——山本五十六

18 世纪中后期，日本的社会处于一个极不稳定的时期。1884年 4 月 4 日，山本五十六就出生在这样的社会环境中。他是一个日本本州的封建武士高野贞吉家的第六个儿子，拥有第六个儿子的高野贞吉那年已经 56 岁了，于是把第六个儿子命名为五十六。高野五十六正是来源于此。后来，山本带刀收养他为养孙，所以，高野五十六改名为山本五十六。

山本五十六是一个贫困武士的儿子，小时候的他就受到武士道和军事的熏陶，因此，自幼就有着争强好胜和不断进取的坚强性格。17 岁的时候，山本五十六就考入了江田岛海军学校。1904年，他从该军校毕业。毕业后直接参军，1905 年，他参加了日俄战争。在日俄对马海峡海战中，他受了重伤，炮弹将他的左手食指和中指炸飞了，还将他的下半身炸得血肉模糊，成为终身残疾。从此，山本五十六的手上就剩下了八根手指，因此，获得了"八毛钱"的绰号。

山本五十六是一个很孝顺的人，工作之后，他经常把自己的大部分薪水寄给母亲、哥哥和姐姐，以此来接济他们的生活。在出任军官后，山本五十六还经常抽出时间回家给高野、山本两家的祖坟扫墓。后来，他和一位美丽的挤牛奶姑娘结了婚。1918 年 8 月，他们在东京举行婚礼。不久之后，挤牛奶姑娘给山本五十六生了两对儿女。

山本五十六是一个身材矮小，但很强壮灵活的人。他的背有点驼，外表看起来很斯文，内心却很果断执著，很有领导能力。他的思维很缜密。因此，部下和同僚都特别信任他。1914 年，山本五十六以上尉军衔进入海军大学深造。1915 年，就晋升为少佐。1916 年，他从海军大学毕业后，登记为山本带刀之养孙，改姓"山本"，由高野五十六成为山本五十六。1924 年，山本五十六被任命为霞浦航空队副队长，这里的飞行员很散漫，军容不整，有的留着长发，有的蓄着小胡子，军纪涣散，他们根本就不把新来的航空队副队长山本五十六放在眼里。看到如此涣散的队伍，山本五十六特别生气，他决定重新整顿军纪。

为了严格训练霞浦航空队，使队伍的精神面

山本五十六

貌焕然一新。年逾 40 岁的山本五十六，每天主动和队员们接受长达十几个小时的飞行训练。没过多久，他的飞行技术不仅达到了单位教练机的水平，同时还超过了一些年轻的学员。很快，霞浦航空队的飞行员们被他的坚强意志和聪明才干折服了，大家越来越信任他。但是，让队员们感到很惋惜的是，1925 年，山本五十六被派遣到美国作为驻美大使馆海军武官。山本五十六仍然很怀念海军航空兵的生活。

离别的气氛总是伤感，为了和山本五十六道别，同时表示敬意，飞行员们在山本五十六乘坐的"天洋丸"号运输船起航时，驾驶一个中队的飞机在该船的上空突然出现，同时驾机掠过"天洋丸"号运输船。事实上，山本五十六对空军有着一种很特别的情愫。这使得他在 1936 年 12 月被任命为海军航空本部部长后，就大肆鼓吹"空军本位主义""以航空母舰为基地的进攻战"。他认为日本要充分发挥海军的力量，让日本海军飞机在世界上处于领先地位。

山本五十六是一个复杂的军人。现在的日本民众，仍然认为他是日本帝国主义海军军人杰出的名将之一。当然，敌对国美国对他的评价也很高。虽然山本五十六有着很出色的军事才干，但是他也有其他一些很独特的特点。比如他有着很强的投机赌博心理，专断独行，对军令部的作战计划根本就不予理睬等。最形象生动地体现他投机赌博心理的大事件，那就是袭击珍珠港和中途岛。前者取得了胜利，后者却输得很惨。可以说山本五十六是一个很有传奇色彩的军人，大家对他褒贬不一。

山本五十六是一个疯狂、好赌、胆大、心细的男人，他的性格特征以及他所处的时代特点，使得他制定出了震惊世界的珍珠港袭击计划。

★山本五十六是赌神

提到珍珠港之战，很多人都会觉得只有赌徒才敢这样冒险。事实上，山本五十六就是赌徒，他有着自己的赌博格言："要么大赢，要么大输"。在赌博时，山本五十六的头脑很冷静，对事态的发展有着高超的分析能力，同时还有敏锐的洞察力。

日本有一个叫伏见宫的人，他曾经是日本军令部总长，他酷爱下象棋和围棋，而且棋艺精湛，鲜逢对手。但有一天和山本五十六对弈，他输给了山本五十六。山本五十六下棋从来没有输过。

在山本五十六看来，所谓的打赌，就是当遇到某一问题双方各持己见而相持不下时，押上一些赌注，使得或迫使自己对自己的观点、行为负责的一种游戏。这就是山本五十六自创的打赌理论。

据说，摩纳哥赌场因为山本五十六的赌技超群，赢钱太多，而禁止他入赌场赌钱。在摩纳哥，山本五十六可是第二个被禁止的赌客。他曾告诉天皇，如果天皇给他一年的时间，他将要为日本赢回一艘航空母舰。事实上，山本五十六赌博不光是因为赌博而赌，而

是在赌博的过程中，锻炼自己的耐力。

山本五十六的部下是这样评价他："在赌博时，山本司令很喜欢冒险，有着一颗赌徒的心，即使是在制定战略计划，他也是抱着赌一把的心态"。

在山本五十六的性格中，赌的特点是最突出的。和山本五十六共事过的法华津孝太是这样评价他："美国要是能在太平洋战争爆发之前，对联合舰队司令官山本五十六的性格研究一下，美国至少可以提前做好预防措施，提防山本五十六对夏威夷发动突然袭击。"

如果美国情报部门能够做好"知己知彼，百战不殆"的话，那么美国将可以避免遭受巨大的损失，或许局势将会变成另外一种。

2. 赌徒的计划

在 1940 年的一次春季演习中，山本五十六对航空兵的训练成绩很满意。当时，山本五十六的心情特别好，于是，他就告诉参谋长，他想进攻美国夏威夷是可能的。山本五十六之所以有这样疯狂的设想，主要来自他对偶像东乡平八郎的崇拜。东乡平八郎曾经在对马海峡海战中率领日本海军击败俄国海军，这是近代史上东方黄种人首次打败西方白种人。因此，他被称为日本帝国主义的"军神"之一。山本五十六特别崇拜东乡平八郎的战略思想。在山本五十六看来，必须采用突然袭击的方式，先发制人，这样才能打败实力雄厚的英、美军人的斗志，使得他们瞬间崩溃瓦解。因此，山本五十六很早就有了偷袭珍珠港的设想。

为了将这个想法付诸行动，山本五十六决定在纸上写出具体的作战计划。1941 年初的一天，山本五十六在广岛湾一艘 4 万吨级的"长门"号战列舰上奋笔疾书，他将自己酝酿已久的疯狂计划写在纸上。同时，将突然袭击珍珠港的计划以书面的形式告诉海军大臣及川古志郎。他想在第一天就成就胜利，他将这个想法写在了战备意见书上。山本五十六想在开战之初，将美国的主力舰队摧毁，狠狠地打击下美国的军队和美国人民的斗志，从而获

对马海战时，日军主帅东乡平八郎的坐舰"富士山"号

得气势上的优势。

为了应对各种可能出现的情况，山本五十六还对其中两种作了深刻地分析。如果日本海军在珍珠港内遇到美国的大部分主力舰队，那么一定要想尽各种办法将美国的主力舰队彻底击沉，同时将珍珠港封闭。如果日本海军在夏威夷碰到美国主力舰队的主动攻击，那么日本海军应当正面迎击，将美国的主力舰队彻底消灭。

当然山本五十六也列出了具体的作战时间以及步骤。日军第一空战队在夜晚或日出的时候，要猛打美国的舰队。将美军彻底消灭。与此同时，日军还派出一艘鱼雷舰，主要对战斗中的伤员进行救援。当然，还要派出一个潜艇战队潜伏在珍珠港附近的水下攻击美国战舰。为了随时补给燃料，还得加派运输部队和加油艇。山本五十六详细地策划了这场偷袭计划。

1941 年初，春天已经悄悄来临了，然而东京和鹿儿岛依旧很寒冷。就在这一年，日本秘密地召开了一个南进计划会议。山本五十六遇到了很大的阻力，这阻力既来自日本海军中央指挥机关的军令部，也来自山本五十六手下的军官。这对山本五十六来说，是一个很大的挑战。

会议室特别的安静，面对这样的疯狂计划，没有人敢发表意见，坐在中间的山本五十六首先将这种沉默气氛打破了。他告诉在座的将领，为了南进计划，无论如何也要先实施这个冒险的作战计划。当然，在座的每一位作战指挥官员都可以对该计划毫不保留的提出意见。

在山本五十六发完言后，会议室依旧是一片沉寂，可是没过多久，日本第一航空舰队司令长官南云忠一发表了看法，他认为只要集中兵力往南作战即可，没有必要担心美国的太平洋舰队，这不会阻碍日本的南进计划。

在南云忠一说完看法后，他麾下的第二航空母舰战队司令官山

"长门"号战列舰

口多闻插了一下话，他认为日本如果想南进，必须考虑和计算一下美国舰队在太平洋的影响力。

此时，有些官员提出了反对。他们认为日本突袭美国的警戒线肯定会被美国人发现，而且日军航行3000多海里到达珍珠港，如果在途中遇到美国主力舰队的袭击，后果将会很严重。袭击珍珠港的计划是一个很冒险的计划，胜算概率很低。

当然，还有官员持支持的态度。他们认为，如果想要顺利地实施南进计划，必须先给珍珠港致命一击，这样的突然袭击可以大大地打击美国的航空兵力。同时可以打出气势。

日本将领们在秘密会议上，分成两派。大家议论纷纷，争论不休。此时的山本五十六则是安静地倾听，双手臂交叉在胸前，思考着，没有发表意见。

过了一会儿，山本五十六突然提高声调，眼睛炯炯有神，他告诉大家必须偷袭珍珠港，而且要打好这场仗。

看到大家惊愕的表情，山本五十六突然慷慨激昂地说："在座的各位请牢牢记住，只要在我还担任联合舰队司令官这个职务期间，我肯定要攻打珍珠港，为了保证偷袭的成功，请你们尽快制定出更全面、更具体的作战措施。"

虽然，山本五十六是偷袭珍珠港的提出者，但是源田实确是这次"珍珠港"计划的落实者。源田实是一位技术熟练的海军战斗机飞行员，他还是世界航空界杰出的空战战术专家，是一个很有头脑的参谋。早在1936年，他在日本海军军官学校学习时，曾写了这样的一篇论文，在论文里，他提倡日本海军应该大力发展航空母舰，将建造中的战列舰和巡洋舰通通改装为航空母舰。他还主张，日本海军应当以舰载机为主力，主动攻击敌人。当时的军令部作战课课长富冈定俊对他评价很高。

山本五十六有着非常大的胆量和决心，为了实施他的计划，他以辞职为借口要挟同僚和将领们，如果航空舰队没有足够的勇气和准备，山本五十六决定自己担任第一航空舰队司令官，亲自指挥这场战斗。

最终，海军军令部部长永野修身答应了山本五十六的计划，同

时在 11 月 3 日正式批准山本偷袭珍珠港的计划。此时，距离袭击珍珠港的时间仅有 35 天。

然而，在山本五十六将这个秘密计划上交 20 天之后，整个东京街头开始流传"袭击珍珠港"这个消息，很快，这个消息传到了美国驻日大使格鲁耳朵里。他不敢怠慢，立刻用密码把这份耸人听闻的情报发回美国。

但是，当时的美国政府对这个消息并不是很重视。虽然美国政

1940 年从高空拍摄的珍珠港照片

府已经收到格鲁递交的电文，可是美国专家们却认为这种事情不可能发生，他们认为这种街头流言不可信。

就这样，在美国人没有任何警备的条件下，日本却在精心准备着偷袭珍珠港。

★ **赌徒的灵感**

虽然，山本五十六喜欢豪赌，但前提是必须经过深思熟虑。当然，日本想和美国开战也是他经过深思后才做的决定。1926年至1928年期间，山本五十六担任驻美海军武官，他深刻地认识到日本要是和美国开战，必须在战争刚刚开始的时候速战速决，全方位的打击美国，在军事上使美国遭受重创，同时打击美国军队和人民的士气，如果战线拖得太长，日本肯定会战败。

事实上，山本五十六在日本海军大学深造时，就已经注意到了这些问题。同时，他还利用假期的时间，了解了珍珠港的所有资料，在军事方面有着很透彻的见解。因此，他对珍珠港有着很深刻的印象。

山本五十六有着高度超前的战略思想，他计划用舰载机来实现袭击珍珠港的设想。在美强日弱的格局下，这是最好的选择。舰载机可以以航空母舰为基地。航空母舰已经成为现代海战的重要工具，它可以作为海上的一个活动基地。有着很强的机动性和制海指控能力。

　　山本五十六的这个想法来自于 1932 年 1 月美国海军的一次军事演习。当时美国的这次军事演习是由美国海军上将哈里·亚纳尔指挥的，目的是要检验珍珠港美国太平洋海军基地的防御能力。当时美国以 2 艘航空母舰及 4 艘驱逐舰组成的一个拥有 200 艘军舰的大型特混舰队，直扑珍珠港。毫无戒备的珍珠港立即陷入了瘫痪状态。即便有 152 架飞机的强力突袭，航空母舰发挥的作用和地位显然是非常重要的。

　　为此，山本五十六决定对传统的海军作战方式进行改革。跟传统的方式不同的是，山本五十六打算在偷袭珍珠港中，将航空母舰作为主力舰使用。这对日本传统的海战方式简直就是一种挑战，对此，大多数日本海军将领强烈反对，但是，山本五十六信心十足。

3. "剃头刀"好战

就在山本五十六的联合舰队忙着讨论偷袭计划时，日本政府内部已经悄悄地开始了政治争斗。在日本内阁中有两个派别，一派的代表人物是东条英机，他是一个狂热的好战分子，主张日军进攻新加坡，全面发动战争；另一派则是以内阁首相近卫文麿为首，他思想较为保守，对出战十分犹豫不决，迟迟不肯下决心。

1941 年 10 月 13 日，优柔寡断的近卫文麿被迫辞去首相一职，然后日本政府重新组建。经过一番的首相人选推选，东条英机胜出。最后日本天皇下令，东条英机担任首相。

东条英机在 1941 年 10 月 18 日正式上任，兼任首相、陆内、内相三职，又兼任日军参谋总长，同时组建自己的内阁。上任后的东条英机，野心不断地膨胀，他打算向全世界宣战，并开始全盘策划侵略中国和发动太平洋战争。

东条英机

对于东条英机，日本陆军的元老级人物宇垣一成是这样评价他的："提起东条，他一本正经的样子给我的印象是最深的，他经常拿着笔记本记这记那，很难想象这样的人怎么能够担任国家总理大臣。"

日本第一军事家石原莞尔是这样评价东条英机的，他认为东条英机不仅无德无能，而且长相也很吓人。他还曾当面称已经晋升为陆军中将的东条英机为"东条上等兵"，人们听到这样的话常常笑得前俯后仰。

在当时，东条英机是现役陆军大将，在日本的历史上，根本就没有由现役军人担任首相的先例。上任后不久的东条英机发出了首个罪恶宣言："绝对不从中国撤兵，侵略中国的方案绝不动摇。建立大东亚共荣圈，进攻东南亚，对英美开战，坚持德、意、日三国同盟不动摇。"

在东条英机看来，如果日本想成为一个原材料能够自给自足的国家，首先必须在亚洲称霸。为此，上任后的东条英机答应美国可以从印度支那和中国的部分地区撤军，但美国必须取消对日贸易禁运，而且要帮助日本获得石油、煤炭和橡胶资源丰富的荷属印度支那。美国根本就无法接受这样的条件。于是，拒绝了东条英机的要求。此时，东条英机认为如果日本要高枕无忧，只能通过战争的方式打败美国，这样才能解决问题。

东条英机上台执政，不喜欢谈判，他在国内全面推行自己的战争政策。为了掩饰战争意图，他经常采用烟雾弹和障眼法的方式争取时间。在和美国谈判的过程中，他也一样没有诚意。

★东条英教的儿子——东条英机

1941年，东条英机已经57岁了。他留着一撮山羊胡，戴着一副高度近视的眼镜，脑袋光秃秃的。在光秃秃的脑袋下长着一双贼溜溜的鼠眼。1884年12月30日，他在日本岩手县的一个武士家庭出生。他的父亲叫东条英教，是日本陆军大学第一期首席毕业生，也是德国梅克尔少校的得意门生。早年的东条英教指挥过甲午中日战争。

东条英机有一个绰号叫"剃头刀"，因为在关东军中，他不但专断独行，而且心狠手辣。他曾亲自带兵在中国东北屠杀手无寸铁的中国老百姓，凶狠得令人发指。此外，他还是日本打响全面侵略中国之役的"卢沟桥事变"的主谋之一，他对中国人民犯下的滔天罪行，罄竹难书。

第二章

各自心怀鬼胎

★ 为了迫使英国断绝与日本的关系，美国利用英国对自己经济上的依
赖，给英国政府不断施加压力。同时，美国还强迫各国正式承认美国
提出的"门户开放"政策，因此，美国很快就获得了在远东和太平洋
地区的霸主地位。

★ 为了让自己的军事实力更加强大，日本决定在今后的日子，在暗地里
发展自己的军事实力，然后对美国进行反攻。这就是日本，他们一边
和美国进行着"和平"谈判，另一边在暗地里进行着自己的计划。他
们只不过借用"和平"谈判来掩盖真实的目的而已。

★ 在战争爆发前，美国情报界掌握了很多的情报，知道日本的开战意
图，也知道战争迟早都得爆发。可是日本究竟什么时候开战，怎么
打，美国情报界却无从知晓。

1. 扩张的心态

说到美日关系，事实上，在 19 世纪末期，美国和日本为了争夺亚洲和太平洋地区，早就成了冤家对头，各自心怀鬼胎。

为了扩大自己的势力范围，日本趁着第一次世界大战期间，西方列强无闲暇顾及的时候，在中国进行疯狂地掠夺，同时还侵占了中国东北，把东北作为远东新的战争策划发源地。这些行为严重地损害了英美等国在中国的政治、经济权益。1937 年 7 月 7 日，"卢沟桥事变"后，美日两国的矛盾进一步激化。为了将自己的势力范围进一步扩大，日本看上了南洋。

南洋地处欧、非两大洲及印度的海上咽喉要道，这里有丰富的石油、橡胶、锡金属、大米、茶叶等资源，有着很重要的战略地位。

南洋原本是美英等国的势力范围和托管地。为了满足侵华日本军队所需的战略物资，解决内外的困境，日本打算将战火扩大到东南亚，将南洋占为己有。当时，担任日本首相的近卫文麿及日本海陆军的一些实权派大臣，打算实行南进计划。他们认为，要利用美国的犹豫和害怕爆发太平洋战争的心理，向太平洋进发，以夺取东南亚的丰富战略资源。于是，他们制定了具体的战略方针：先夺取

入侵东南亚的日军

印度支那南部，切断中国南方的国际通道，拖垮中国；然后占领泰国、荷属东印度、马来西亚诸地，掠夺大米、橡胶、石油、锡矿等急需资源，在那里建立起自给自足的军事基地，以支持一场与美英争夺太平洋霸权的战争。珍珠港是日本进行太平洋战争的首个目标。

　　日本的野心很快就被英法两国看透了。他们决定打击日本的嚣张气焰。在1921年11月12日，有着"远东巴黎和会"之称的华盛顿会议正式开幕。在这次会议上，美国、英国、荷兰、法国、意大利、比利时、中国等国家首脑都应邀出席了。各国详细地讨论了

《华盛顿会议》召开现场

"远东问题"、"太平洋问题"和"各国海军裁军问题"等问题。在这次会议上，美国提出了海军裁军问题，事实上，是针对当时日本正在推行8艘战列舰、8艘巡洋舰为基干的"八八舰队"扩军计划的。在会议上，日本政府无力和英美各国抗争到底，只能忍气吞声，虽然心里很不舒服。

为了迫使英国断绝与日本的关系，美国利用英国对自己经济上的依赖，在这次会议上，不断向英国政府施压。同时，美国还强迫各国正式承认美国提出的"门户开放"政策，因此，美国很快就获得了在远东和太平洋地区的霸主地位。

而日本却顶着很大的压力。他们不仅在政治上受到屈辱，在海军实力上也受到世界各国的限制。最终，华盛顿会议通过了《华盛顿限制海军军备条约》，在该条约中，规定美国、英国、日本三国之间的主力舰吨位比例分别为5∶5∶3。对于日本来说，这是继甲午中日战争以来遭受的最大耻辱，因此，他们更加地痛恨美国人了。

为了让自己的军事实力更加强大，日本决定在今后的日子，在暗地里发展自己的军事实力，然后对美国进行反攻。1934年12月29日，日本大使斋藤在华盛顿向美国政府发出通告：日本政府将于1936年年底终止履行《华盛顿限制海军军备条约》。美国政府对日本的这一举动感到愤怒和不满。

1940年9月23日，日军实力开始往南推进，占领了印度支那北部。1940年9月，德国和日本在东京举行谈判，意大利随后加入

进来。9 月 27 日，三国在柏林签订了军事同盟条约，即《德意日三国同盟条约》，通称《三国轴心协定》，又称《柏林公约》。该条约的签订，意味着德、意、日军事同盟正式成立，标志着法西斯的疯狂本性开始赤裸裸地暴露出来。由此，它加速了苏德战争和太平洋战争的爆发。

就在法西斯势力张牙舞爪的时候，美国人也不是闲着的，他们开始报复日本。对于英国和德意日的对抗，美国公开表示支持。同时发表声明表示在 1940 年 1 月 26 日到期的《日美通商航海条约》不再与日本续约。为了牵制日本的南进计划，美国开始限制日本若干的军用出口物资，公然表示援助中国。1940 年 5 月，罗斯福又下令例行演习完毕的美太平洋舰队进驻珍珠港。1940 年冬，日本舰队开到金兰湾海面，颇有些示威的意思，而英国则立刻宣布马来西亚、新加坡进入紧急状态，同时美国匆忙撤回在远东的侨胞。那时的美日关系特别紧张。

1941 年 1 月 23 日，日本派遣大使野村吉三郎以"和平使者"的身份前往美国任职。到美国后，他还发表了这样的讲话："不管两国之间存在什么严重的问题，我们都应该以和平友好的态度来进行合作……通通解决，我们没有任何理由开战。"日本采取蛊惑的方式来蒙蔽美国。事实上，野村吉三郎发表讲话的时间距离山本五十六正式提出袭击珍珠港的计划仅过了半个月。

《德意日三国同盟条约》签字仪式

★《德意日三国同盟条约》

1940 年 9 月 27 日，德国、意大利、日本三国签订的同盟条约内容如下：

德意志、意大利和日本的政府认为世界一切国家各据有应有的空间是任何持久和平的先决条件，决定在致力于大东亚以及欧洲各区域方面互相援助和合作，其首要目的为在各区域建立并维持事务的新秩序，旨在促进有关人民的共同繁荣与福利。

此外，三国政府愿意对世界上其他区域内有意与三国朝着同样方向共同努力的国家给予合作，促使三国对世界和平的最终愿望得以实现。

为此，德意志、意大利和日本的政府同意如下：

第一条　日本承认并尊重德意志和意大利在欧洲建立新秩序的领导权。

第二条　德意志和意大利承认并尊重日本在大东亚建立新秩序的领导权。

第三条　德意志、意大利和日本同意遵循着上述路线努力合作。三国并承允如果三缔约国中之一受到目前不在欧洲战争或中日冲突中的一国攻击时，应以一切政治、经济和军事手段相援助。

第四条　为了实施本协定，由德意志、意大利和日本的政府各自指派委员组成的联合技术委员会将迅速开会。

第五条　德意志、意大利和日本声明上述各条款毫不影响三缔约国各与苏俄间现存的政治地位。

第六条　本协定应于签字后立即生效，并将从其生效日起继续有效十年。在上述期限届满以前适当时间，各缔约国如经任何一国请求，应为本协定的延期举行谈判。

下列签署人经各国政府正式授权，在本条约上签名盖章，以兹证明。

1940 年 9 月 27 日订于柏林

德国代表：里宾特洛甫

意大利代表：齐亚诺

日本代表：来栖三郎

2. 戴着"面具"谈判

1941 年，夏季里的一天，日本代表驻美国大使野村吉三郎和美国国务卿赫尔在赫尔的华德门花园公寓的一间密室密谈，谈话的气氛很紧张。虽然餐桌上有着各种各样的美食，但是大家丝毫没有胃口。之所以要在赫尔的私人寓所密谈，这是因为松冈洋佑在野村吉三郎赴美之前曾经再三叮嘱过他，要对谈判内容绝对保密。

事实上，野村吉三郎和赫尔从 1941 年 2 月到 12 月进行外交谈判持续的时间长达 11 个月，这种马拉松式的谈判前前后后进行了 45 次。但是双方都是戴着"面具"谈判的。在谈判时，双方总是表现得彬彬有礼，可是各自心怀鬼胎。日本谈判的目的是将美日的矛盾降到最低，阻止美国在欧洲参战，同时让美国人对日本侵略中国的事实进行承认。日本侵略扩张的野心根本就无法掩饰。而美国谈判的目的是坚守自己的底线，不让日本损害自己的利益。因此，双方的谈判以失败而告终。

为了麻痹美国政府，日本政府决定利用早年曾经做过日本驻美大使馆海军武官的野村吉三郎和曾任美国海军部长助理的罗斯福的交情进行谈判。后来罗斯福担任了美国总统，野村吉三郎和罗斯福的交情还是挺好的。在野村到达美国之前，罗斯福亲自会见了他，还畅谈了以前两人一起经历的事情。最后，罗斯福告诉野村吉三郎：
"现在美国和日本的关系越来越冷淡，最关键的原因是日本不断的
武力扩张活动导致的。如果每个国家都来争夺太平洋自由活动的空
间，那么爆发了战争，对每个国家都没有好处，而且还会伤害国家
之间的感情。"

虽然野村吉三郎对罗斯福的谈话表示极大的赞同，但是他的

日本大使野村吉三郎（右）与郝尔（中）

内心不这么想。表面赞同只是为了让日本和美国的关系暂时得到缓和。事实上，日本想利用欧洲局势，使得美国和日本率先开战，这样，西方各国的视力就被转移了，日本就可以抓紧时间准备侵略战争。同时还可以利用美国迫使蒋介石投降，这样日本就获得了一个坚实的后盾，然后再南下，公开与英美宣战。

当然罗斯福总统也是一个老谋深算的人，他在军事上采取的战略方针是"先欧后亚"。为了谋取太平洋的安定，在政治上，罗斯福总统先给予日本安抚和支持，暂时牺牲美国在中国以至荷兰、印度的某些利益，对日本妥协，使得日本暂时放弃对美国在南洋的属地菲律宾的计划。

事实上，美国和日本的谈判，不仅仅有正式的外交途径，还有非正式的民间谈判。为了调整美日的关系，1941 年 4 月 15 日，美国邮政部长弗立克·沃克和詹姆斯·沃尔什神父等人正在日本与岩畔豪雄、井川忠雄进行"民间"会谈。后来，在华盛顿举行会谈，野村吉三郎也参加了这次会谈。在这之后，双方达成了《日美谅解方案》的非正式性文件。野村吉三郎特别支持和赞同这个文件。后来，美国史学家费思将这个非正式文件称为"出生在私人小医院双亲不明的婴儿"。

1941 年 4 月 19 日，美国国务卿赫尔收到了这个文件。这份《日美谅解方案》主要内容有六项：

一、在太平洋区域，日本不会用武力来改变现状；

二、只有在德国受到侵略的时候，日本才会履行《德意日三国同盟条约》的义务；

三、由美国出面敦促蒋介石政府与日本谈判，如果蒋介石政府拒绝，那么美国将立即停止援助蒋介石；

四、美日达成一致，不允许第三国改变东亚现状，共同宣告"亚洲门罗主义"；

五、美国协助日本在西南太平洋获取战略物资，并同意恢复与日本的贸易往来；

六、美日开放各自经济门户，美国要从经济上支援日本。

随后，美国国务院召集了远东方面的相关专家来讨论这个谅解方案，激烈的讨论持续了好几天，仍然没有得到一个令人满意的结果。专家们认为完全不能接受其中的某些方案，一些方案经过仔细地斟酌后还是可以接受。但是美国国务卿赫尔对此特别不满，他认为，日本的这个方案对于美国来说简直是一种耻辱，这个方案完全对日本有利。于是，他毫不犹豫地对这个方案表示拒绝。在赫尔看来，美国人是一个不会迁就任何人的民族，当然，更不会迁就狂热军国主义好战分子。

1941 年 4 月 14 日，野村吉三郎在赫尔的带领下见到了罗斯福总统。罗斯福告诉野村吉三郎："我认为我们两个国家所发生的一切矛盾和冲突，都可以通过和平的方式去解决。但是要解决这些问题，贵国政府首先要让我们消除对贵国某些行为所产生的不安

与疑虑。"

在罗斯福说完之后，赫尔又补充道："贵国外相松冈洋佑此时正在欧洲进行国事访问。在访问中，他所谈到的贵国即将在法属印度支那和泰国附近集结大规模的军队，我国公民对此特别愤慨。希望贵国能够在那些应该认真讨论的问题上保持语言和行动的一致性！"

随后，赫尔将一份美国的提案交给野村吉三郎，希望野村吉三郎转达日本政府必须在谈判中满足美国的四个条件，当然，这四个条件也是美国对日本的四项基本原则：

一、尊重美日两国及所有国家的领土和主权不受侵犯；

二、不随意干涉其他国家的内政；

三、所有国家的通商机会均等；

四、除以和平手段变更外不得搅乱太平洋现状。

在《美日谅解方案》的基础上，5月12日，日本政府又抛出《五·一二试案》，这个试案也叫《松冈修正案》。通过试案的条款，日本人的野心昭然若揭，他们将原方案中"不诉诸武力"的南进条款删除，决定遵守《德意日三国同盟条约》，继续保留在中国的驻军权。

看到日本的《五·一二试案》，赫尔大笑不已，日本提出这样的条款，完全表明了日本要使自己成为亚洲和太平洋地区的统治者。但是罗斯福还是打算和日本进行谈判，暂时和日本妥协。5月16日，美国提交了作为《五·一二试案》的对案。5月20日，赫尔与野村吉三郎又一次举行会谈。日本在会议上变本加厉，他们不想从中国撤军，他们想占领河北、山西、陕西、察哈尔和绥远等共103.6万平方千米的地方，这些地区的人口将近8000万人。对于这样蛮不讲理的条款，美国人明确拒绝。因此，该协议没有达成。

后来的几次"和谈"都没有结果。事实上，美国和日本的谈判没有达成一致是有原因的。因为美国和日本的基本角度和根本立场不同。如果双方要达成一致的意见。那么必须有一方做出退让或者是国际形势发生了巨大的变化。日本总想得寸进尺，而美国认为四项基本原则是他们底线，那就意味着美国和日本之间的矛盾是不可调和的。

在这个时候，德国进攻苏联，已经突破了苏联边界600多千米，这个爆炸性的消息在全世界范围内迅速传开了。这使得那时的国际形势变得更加混乱了。对于日本来说，这是一个好消息，日本军阀开始变得蠢蠢欲动。内部集团还发动了南进还是北进的讨论。最后，支持南进的实力派占了上风。

刚开始，日本政府对这一消息表示怀疑，在他们看来，德国人不可能做出这种同时和英国、苏联两个强国开战的自杀式决定。然而，经过日本驻德大使的多次报告，日本政府才相信德国人真的和苏联人开战了。德国人并没有像他们想象的那么老实。

1941年6月22日，德国军队以迅雷不及掩耳之势对苏联发动进攻。一共出动了飞机4900架、大炮6000多门、坦克师9个和步

1941 年 6 月 22 日，苏德战争爆发。图为侵入苏联的德军士兵

兵师 134 个。突然地袭击获得大胜。欧洲战争的进程因此发生了根本性的改变。

对于日本的好战分子来说，这是一个天大的消息，他们认为希特勒不出一个月的时间便可占领莫斯科，三个月之内便能占领苏联。为此，这些好战分子高兴得手舞足蹈。

就在这些日本好战分子高兴的日子里，德国驻日本大使带着希特勒的训令来到日本政府，希望和日本联合攻击苏联。希特勒打算让日本出兵前往西伯利亚，和德国军队汇合，形成包夹之势，分别从东西两面夹击苏联。没过多久，苏联驻日大使也来找日本政府，他们希望日本履行日苏中立的条约，要求日本保持中立，不要在这个时候做出任何对苏联不利的举动。事实上，此时的日本政府更加关心的是自己的利益，他们觉得可以安心的去进攻亚洲的其他国家，因为苏联已经处于垂死挣扎的境地，对日本不会构成任何的威胁。

为了派兵进驻法属印度支那南部，日本天皇在 6 月 25 日紧急召开御前会议。参加会议的都是海陆两方面的参谋总长和首相内阁诸大臣，这一天正是苏联和德国开战的第三天。在日本政府看来，如果英国和美国对日本的这种行动表示反对的话，日本政府就向他们宣战。

为了掩饰自己的侵略本性，日本政府一方面和美国政府"和平"地谈判着，另一方面在暗地里打着自己的如意算盘。他们想通

美军潜艇基地

过谈判掩饰自己的真实想法。

　　和日本的每一次谈判，双方都处于僵持状态，这一切使得美国
政府失去了耐心。美国政府分析了当时世界的形势。随后，罗斯福
对外公开了美国的立场和态度，美国政府决定将以前的《中立法》
废除，同时暗中帮助濒临崩溃的法国。美国还给英国提供武器和贷
款。当然，鉴于德、意、日三国联盟的实力强大，美国的所有行动
还是很谨慎的。在美国看来，一旦美国参加欧洲战争，日本只要不

履行同盟国的义务，保证采取中立态度，关于东亚的一些问题，只要日本在不损害美国利益的前提下，美国都可以接受。

1941 年 7 月 19 日，法国维西政府收到日本政府的最后通牒，日本命令法国必须在 24 小时之内对日军进驻印度支那南部的问题作出正面答复。迫于日本政府的压力，法国政府在 7 月 21 日做出了让步。这是日本政府入侵东南亚迈出的第一步。

1941 年 7 月 19 日，美国方面又截获了一份日本驻中国广东总领事于 7 月 14 日发给日本政府的电报。这份电报的内容是："我军马上要占领法属印度支那南部地区。第一个目的是占领后继续推进，占领法属印度支那全境；第二个目的是，如果条件成熟的话，以法属印度支那为基地，快速进行下一步行动。占领法属印度支那之后，便立刻向荷兰发出最后通牒，然后占领新加坡……我军计划用航空部队和潜水部队粉碎美国的军事力量。进驻法属印度支那的陆军第 25 军。"

7 月 22 日，在法属印度支那南部，日本突然强行登陆。7 月 24 日，法国维西政府作出退让，日本占领了金兰湾和西贡，就这样，日本占领了全部法属印度支那。日本在 7 月 26 日发表公告，将此事通知驻东京的英美两国大使。很快，日本在亚洲不仅占领了朝鲜、大片中国的土地，还将法属印度支那（今越南、老挝、柬埔寨三国）地区变成了它的附属国。

事实上，美国早就知道了日本的这一切计划，因为美国早就破

译了日本的密电。美国政府知道日本下一步的目标就是英属马来西亚和新加坡、荷属印度尼西亚，也知道日本政府在行动上已经开始向美国、英国发起挑衅了。

野村吉三郎在法国维西政府让出法属印度支那的当天，又向美国政府请求"和谈"。代理国务卿威尔兹接见了他，威尔兹向野村吉三郎转告了赫尔的话："日本把法属印度支那作为自己的附属国，这是挑起太平洋战争的宣告。在美国和日本进行和谈期间，日本人竟然做出这样的事情，事实上，日本的行为使得日本丧失了和谈的基础。"威尔兹还明确告诉野村吉三郎，美国和日本已经没有任何外交谈判可言了，因为日本的这次武力攻占，标志着日本全方位的战争已经开始。现在日本假装要和谈，事实上是无理的狡辩，已经没有这个必要了。

7月24日，野村吉三郎被罗斯福召见了，他告诉野村吉三郎："如果日本能够从法属印度支那撤军，那么美国会与英国、中国、荷兰一起，将采取中立政策。"此时的日本人更加猖狂了，丝毫没有退兵的意思。因为他们知道美国还是想保留和谈。他们认为美国软弱可欺。日本的猖狂行为，让美国政府很不舒服，美国政府决定采取强硬的措施来对付日本。

首先，美国对日本采取了经济制裁。1941年7月26日，美国政府宣布与日本的贸易关系结束，日本在美国的一切资产都被罗斯福冻结了，美国政府牢牢地掌握了日本的所有金融和进出口贸易。

7月27日，英国和荷兰两国政府也相继冻结了日本的在外资产，英国废弃了《日英通商航海条约》，荷兰停止和日本的石油协议。8月1日，美国宣告石油禁止运往日本。

对日本而言，这些经济制裁是一个很沉重的打击。石油是日本人的宝贝，日本国民石油的日平均消耗量是40万吨，要是国内库存石油补给不及时的话，军舰和飞机将无法正常运行。更可怕的是

从高空拍摄到的珍珠港照片

日本的整个运输系统将陷入瘫痪状态。

在这之后，英国、荷兰两国政府也对日本采取了经济制裁，两国政府都宣告与日本的贸易出口终止。8月2日，英、美、荷三国又进一步对日本的资产进行了全面冻结。

但是日本仍然没有服软的意思，这使得美国只好放弃之前的"绥靖政策"。1941年8月初，美国国务卿赫尔认为太平洋的问题不再是一个简单的外交问题，而是一个军事问题。此时的美国人非常清醒，要想阻止日本人的疯狂行动，除了战争，没有更好的解决方式了。对于这个问题，美国政府的上下官员看法保持一致。大家都非常清楚美日即将开战。

可是，美国总统罗斯福还抱着最后的一线希望，他还是希望能够在谈判桌上，制止日本人的疯狂行动。

从1941年8月到10月中旬，美国和日本的谈判一直在持续着。虽然美国对日本采取了经济制裁措施，可是美国还没有彻底绝望，还是希望能够和平地解决问题。

事实上，日本的近卫文麿也很矛盾。他不仅想保留日本原有的政策，也不想和美国正面开战。日方希望通过和平谈判，使得美国中立的执行绥靖政策。

1941年8月6日，野村吉三郎又来到赫尔的办公室，递交给赫尔一份协议，协议中说日本希望能够在对中国的战争结束后再从法属印度支那撤军。赫尔冷笑着揭露了日本的真实意图，他说："你的这份协议确切地说是一份要求，这其中重点是即使贵国从法属印度支那撤兵，也需要美国用五个条件交换，即：停止西南太平洋的一切军事防卫；恢复通商关系；协助日本获得各种资源和原料；让美国迫使中国和日本讲和；撤兵后承认日本在法属印度支那的特殊地位。很遗憾，我们无法满足你们提出协议的任何一条。"

碰壁的野村吉三郎，只好悻悻地离去。

1941 年 8 月 17 日，罗斯福总统在白宫召见野村吉三郎。他将两份文件交给野村吉三郎，一份是对日本的严重警告，另一份是告诉日本，因日军侵占法属印度支那而中断的日美谈判，如果日本仍抱有诚意的话，可以继续谈下去。但是，日本必须将一切侵略行为和领土扩张的战争停止。

同时，野村吉三郎也将一份近卫文麿的来信交给罗斯福，意思是说希望日美能够和平相处，近卫文麿希望和罗斯福总统面谈。思考了一下，罗斯福告诉野村吉三郎："如果日本不将侵略行为停止的话，我们之间没有什么事情可谈。"

美国以这种方式强烈警告日本止步，否则，美国将被迫立即采取任何和一切必要的步骤。日本见此势头，未敢轻举妄动，为进一步探察美国的意图和虚实，日本政府建议恢复谈判。

几天后，野村吉三郎再一次送来一封近卫文麿给罗斯福的信，内容还是希望与罗斯福直接会谈。

对此，美国政府认为，日本每次在谈判中都避实就虚，避重就

轻，一点和谈的诚意都没有。如果和他们继续谈下去，只能成为第二次慕尼黑会谈，或是毫无成果的谈判。这样的结果，不是美国想要的。

★ 明修栈道，暗渡陈仓

事实上，日本政府早就做好和英美开战的准备了，当他们决定在亚洲继续扩大势力范围时，他们早已想好了应对措施。日本政府希望通过外交手段来麻痹美国，目的是为了最大限度地拖延时间，因为日本很清楚，一旦战争爆发，将会消耗大量的人力、物力和财力。同时，日本政府也很清楚，希特勒突然的袭击很快就可以占领苏联，因此，对于苏德战争，日本暂时不参与。

在这一期间，日本政府发电报给希特勒，将日本政府的立场和想法告诉了他。

但是，让日本政府想不到的是美国"魔术译电情报组"将这份电报破解了，这份电报的主要内容是：

一、日本不管世界的形势发生怎样的变化，绝不放弃"大东亚共荣圈"的建设，将亚洲各国收入囊中，以达到亚洲的共同繁荣，为世界的和平尽微薄之力；

二、日本依然会继续进攻中国，并以自卫为基础，向南方进攻。

日本政府还在密电中透露，日本政府打算向英美开战，日本方面是不会答应美国提出的从中国撤军的要求的。但是不会向苏联开战。日本打算占领法属印度支那、泰国、马来西亚、荷属东印度等国家。

　　日本全国在日本政府作出占领法属印度支那的决定之后，开始进入了积极的备战阶段，又征集了 200 万人的新兵。日本政府还严格检查了一切信件和电报，防止消息泄露。

3. 美国的"魔术"情报

事实上，美国政府早就知道了日本政府的南进计划。在 1940 年 9 月 25 日，美国将日本电报破译了，同时研制出了破译机器。只不过日本政府还不知道而已。后来，日本的失败跟它的情报被不断截获和破解有很大的关系。

但是让人感到很可惜的是，美国"魔术行动"破译紫码并没有得到充分地利用，夏威夷地区没有紫码破译机，因为缺乏紫码破译

美国情报机构

元件。

到1941年，美国一共有8台紫码破译机。华盛顿有4台，陆军和海军各拥有2台，其中有3台紫码破译机送给了英国。截取日本电讯效果最好的要数驻守菲律宾的麦克阿瑟的那一台紫码破译机。

还有一个原因很关键，那就是美国1941年的一项协议，该协议规定美国只有12位权威人士有权阅读"魔术"情报，其中包括总统罗斯福、总统军事顾问埃德温·沃森少将、国务卿科德尔·赫尔、陆军部长史汀生、陆军参谋长乔治·马歇尔上将等人。这样仅有少数人知道可以很好地防止"魔术"秘密泄露。太平洋舰队司令官金梅尔和夏威夷陆军部司令肖特根本就无权看到"魔术"情报，在权威人士看完情报后作出相应决策，他们只需认真执行决策的相关内容。

1941年9月24日，吉川猛夫收到了日本军令部第三部的小川贯玺通过日本驻夏威夷总领事喜多发来的一封电报，该电报要求吉川猛夫将珍珠港水域分为5个部分，同时对这些水域内的美国太平洋舰队主要舰艇的停泊位置作详细地报告。很快，这封电报被夏威夷陆军部所在地沙夫特堡的监听站准确地截收到了。在9月28日，这封没有破译的电报用轮船被送到了旧金山。10月3日，电报到达华盛顿的陆军部。10月9日，该电报被陆军情报局翻译成英文。从电报被接收到翻译出电报的内容已经过了近半个月的时间。由于夏

威夷没有紫码破译机，因此，金梅尔和肖特根本就不知道日本已经着手准备攻击美国的太平洋舰队。

机会总是在这样的误解中错过。通过对情报的分析，美国陆军情报局远东科科长鲁弗斯·布拉顿上校认为日本人可能会袭击珍珠港，可是他的上级们却认为这是海军的事情，他们认为这是日本人简化通讯和降低成本的想法。还有让人感到很可笑的是，海军作战部长斯塔克认为太平洋舰队司令官金梅尔海军少将早就知道了"魔术"情报的内容了。事实上，金梅尔并不知道"魔术"情报的内容。

11月5日，美国的紫码破译机将东京外务省致野村吉三郎大使的指示破译了。日本政府要求野村吉三郎大使应该做出最后的努力进行谈判，要是谈判失败了，太平洋的局势将处于"动荡的边缘"。于是美国驻日本大使约瑟夫·格鲁大使再次提醒国务院，日本"将不惜一切代价，以免受经济封锁的影响，而不向外国压力屈服"。这轮谈判的失败将导致一场"全力以赴的殊死斗争"。

12月3日，"魔术"又破译了外务省发给喜多总领事的电报。这份电报要求喜多每天对珍珠港内的军舰进出情况，以及在珍珠港上空是否有阻塞气球防护网，是否有防鱼雷网等情况作详细地汇报。事实上，如果没有特别警惕和特别分析，情报人员根本就无法想到日本海军的真正目的。美国破译的情报还发现，让日本产生兴趣的除了珍珠港，还有菲律宾、美国西海岸和巴拿马。

一手拿枪一手拿话筒是美军通信兵在战争期间最平常的工作状态

吉川猛夫在 12 月 5 日发自夏威夷的情报也被"魔术"截获了，这份情报报告了 5 日下午美国珍珠港内舰只的出入情况，可是，由于没有及时作出处理，吉川猛夫的这份情报只在文件筐里保存着。可以说，在战争爆发前，美国情报界掌握了很多的情报，知道日本的开战意图，也知道战争迟早都得爆发。可是日本究竟什么时候开战，怎么打，美国情报界却无从知晓。因为"魔术"破译的仅仅是

日本的外交文件，事实上，美国需要的是日本的陆军情报，尤其是日本海军的情报。虽然，美国政府的"魔术"在破译日本外交情报上发挥了很大的作用，可是，很难揣测日本的野心和意图。所以，注定了悲惨失败的结局。

★美国"魔术"破译机诞生

1940年8月，康奈尔大学的一位叫威廉·弗雷德曼的高才生成功地将日本启用的2597式密码打字机的壁垒破译了，同时，美国陆海军联手制造出了一台自动破译密码机器，从此，美国决策人员可以看到日本所有的外交电报。

毕业后，威廉·弗雷德曼在美国陆军的河岸研究所钻研密码术，升至陆军中校。破译了日本密码机后，这使得美国人在外交上获得了绝对的主动权。

1941年7月19日，美国破译了日本驻广东总领事于14日发给外务省的电报，得知日本将以法属印度支那为基地，即将攻占新加坡，以空军和海军的力量坚决粉碎英美的军事力量。得到这份情报后，美国和英国、荷兰等国将日本资产冻结了。

在外交上，美国破译得来的情报在与日本的谈判中所起的作用越来越大。美国不但清楚地知道日本政府的首脑对野村吉三郎的真正指示，还知道野村吉三郎向日本政府报告的具体内容。在谈判桌上，美国人就可以从野村吉三郎说的话中辨出真伪。赫尔是个老练的外交家，在和日本的谈判中，他没有露出一点儿痕迹。每次在遇到分歧的时候，赫尔总会微笑着听野村吉三郎"甜言蜜语"地解释。

美国人牢牢地掌握着日方的一切机密和所有动向，但在当时美国仅有罗斯福总统、赫尔国务卿、陆军部长、海军部长知道这个秘密。

4. 制定《国策纲要》

在德国与苏联开战期间，日本应采取何种对策，在1941年6月9日，日本参谋部召开了紧急会议，进行了讨论和研究。

对此，日本作战部长田中新一主张采取强硬的对策，他认为当前国际形势变幻莫测，美国政府并不敢轻举妄动。对日本来说，这是一个大好的时机，日本应该使用武力支援德国消灭苏联。

虽然参加会议的人大都认同这一观点，但是大家心里还是不确定。因为某些日本将领认为，一旦日本作为轴心国与德国、意大利一起卷入苏联战争，如果将来苏联被消灭了，那么在日后，德国有可能将日本当做附属国加以摆布。说到这一点，大家都有类似的担忧。

会议就这样结束了，没有得到什么结果。在散会之后，日军战争指导班的有末又单独找田中新一商讨日军下一步的对策。田中新一主张采用武力进攻苏联。但有末认为这样做会使德国变得更强大，日本帮助德国消灭了苏联，日本不见得会得到很大的好处。于是，有末提出了"南占法属印度支那，北攻中国，增兵防守，以拒英美"的方案。但是，有末的这个方案与田中新一的想法相差太远，田中新一觉得如果按照这个方案执行的话，那将太耗费时间

攻击珍珠港前的日本"赤城"号航空母舰经过伪装的指挥塔

了。于是，田中新一并没有接受有末的这一建议。见田中新一如此态度，有末再次用恳请的语气请求田中新一好好考虑一下自己提出的建议，田中新一拒绝了，他不想在这个没有用的建议上浪费精力。有末还是不死心，再三建议，终于惹怒了田中新一，俩人差点动起手来，最后，有末黯然地离开了。

6月10日，日本陆海军的军务局长和作战部长又召开会议，也就苏德开战期间日本应该采取何种对策进行了讨论，结果没有取得一致意见。但对进攻法属印度支那的问题，基本达成一致意见。

1941年6月12日上午，永野修身在征得了陆海军的同意之后，提出了一个以进驻法属印度支那为主的方案，此方案强调：如果法属印度支那不同意或胆敢违抗日方的要求，或者英美进行干涉的话，那日本将不惜使用武力。这个方案被称为《关于促进对南方的对策问题》方案。

最终，该方案确定了下来，同时，方案的后面还附有三个条件：

一、对于法属印度支那的进驻的问题，要严格按照本方案行事；

二、由于进驻的准备阶段需要耗费不少的时间，故整个过程可分为两个阶段与美国进行谈判，以争取准备的时间；

三、以第一阶段的谈判为导向，拖延美国政府的时间，第一阶

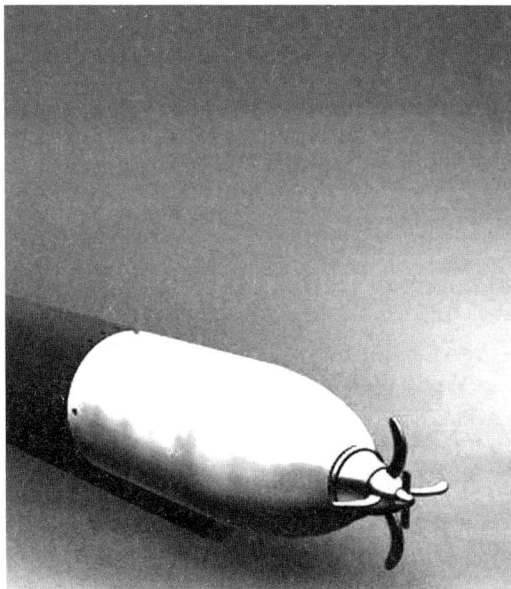

浅水鱼雷

段谈判过后，继续进行第二阶段的谈判，通过这种手段，日本就可以获得足够的时间占领整个法属印度支那。

日本方面认为，只要坚持执行这个方案，日军可以很轻易地占领法属印度支那。一旦占领了法属印度支那，日军就可以得到大量的物资和粮食，这对日后的战争有很大的好处。但是，为了在对美战争中获得主动性，同时防止美军阻挠，日军抓紧时间开始研制浅水鱼雷。

而美国太低估了日本的越洋能力，1941 年 6 月 30 日，斯塔克为此还签发了一个题为《关于防止鱼雷攻击的设置》的文件。斯塔克在文件中指出，如果敌军真的在珍珠港施放鱼雷，那么水的深度至少得达到 22.9 米，同时，鱼雷在水中的航行距离至少需要 183 米。美军太平洋舰队的司令金梅尔和下属官员经过研究，得出一致结论：珍珠港存在受到鱼雷攻击可能性几乎为零。

美国海军信心满满，因为珍珠港的水深只有 12 米，如果日本想要袭击珍珠港必须制造出相应的浅水鱼雷。这好像是一件不可能的事情。出乎美国人意料的是，日本海军正在加紧研制深度为 12 米的浅水鱼雷，而且，在日军偷袭珍珠港之前就已经研制成功了。在珍珠港遭袭击之后，太平洋舰队的金梅尔在作检讨时曾说过这样的话："我们之前对日本的实力有较深的了解，深知他们海、陆、空军的底细。但对于这次战争的结果，我相信除了我之外，就是海军部的全体人员，都对日本取得的这次胜利而颇感意外……"

1941 年 6 月 6 日，日本拟定了《关于促进南方的对策问题》的相关方案，杉山元在 6 月 25 日召开的联络座谈会上就《关于促进南方的对策问题》做了详细说明，在这之后，该方案顺利地通过了。内容如下：

一、鉴于目前的国际形势，帝国按既定方针对法属印度支那与泰国采取措施，派往荷属印尼的谈判代表已经回国了。对法属印度支那，迅速地建立旨在保卫东亚稳定的日本和法属印度支那的军事合作关系。通过与法属印度支那建立军事合作关系，帝国应把握要点如下：

（一）在法属印度支那特定地区建立并使用空军基地与港口设施，以及在法属印度支那南部驻守必要的兵力；

（二）为帝国军队之有关驻军问题提供方便。

二、为实现上述目的开始外交谈判。

三、倘若法国政府或法属印度支那当局不答应我方要求，则以武力达到我方目的。

四、为处理上述问题，预先着手准备派遣军队。

下午 16 时，首相和两位总长并排站立，将《关于促进对南方的对策问题》上奏天皇，并获得了天皇的批准。

日本在 6 月 6 日拟定的《对南方的对策纲要》，虽然明确指出了日本与法属印度支那之间的政治、军事关系，但最初的这份纲要是打算通过外交手段解决的。可 6 月 25 日的最终修改方案则带有

松冈洋佑

威胁性质，日本要求法国答应日本在法属印度支那建立和使用空军基地与港口、设施，明显带有强迫色彩，重心也由外交转移到了军事上来。日本试图通过武力威胁，逼迫法国答应日本的要求。

1941 年 6 月 22 日，日本又拟定了《适应局势变化之帝国国策纲要》。

在讨论会上，杉山元首先说明了这份纲要的重要性及拟定原因。然后，由内阁诸位当权者讨论纲要的可行性。由于对这份纲要的认识角度和对当前形势的判断存在很大差别，很快，讨论变成了激烈地争论。

日本外交官松冈洋佑主张帮助德国与苏联开战，而日本陆军大将冢田攻则认为不要和苏联开战。

经过一番激烈地讨论，大家仍然没有达成一致意见，于是，大会决定次日的会议继续讨论这个问题。

27日下午，日本就26日的《国策纲要》再次召开会议，大家继续进行商讨。

在这次会议上，松冈洋佑仍然坚持自己的观点。可是，海军方面的将领并不同意立即对苏联开战，陆军方面的将领也对立即参战存异议。最终，仍然没有达成一致的结果。于是，日本陆军大将杉山元决定第二天再继续召开会议。

28日下午，日本又召开会议。大家在会议上仍然争论不休，但陆海军两方面的首脑通过互相让步和妥协，最终达成了一致意见。虽然松冈洋佑仍强烈主张对苏联开战，但由于陆海军双方面都达成了一致意见，他也没有继续反对。最终的决定结果是：日本放弃进攻苏联，加强南进之势，为了达到目的，不惜一切手段，如果英美从中阻挠，就立即对英美开战。

1941年7月2日，日本天皇召开御前会议，审议了《适应局势变化之帝国国策纲要》。在天皇看来，这份国策纲要的通过与否，关系着日本的命运。为此，天皇拿不定主意。

日本近卫文麿、杉山元、永野修身、松冈洋佑在会议上作了报告，但是日本天皇一句话也没有听进去。他所有的注意力都在《适应局势变化之帝国国策纲要》上。

没过多久，日本枢密院长原嘉道在会上阐述了自己的看法，他认为，德国对苏联开战对日本来说是一件好事。日本应该将苏联留给德国对付，日本留着足够的时间来对英美开战。他权衡了利弊，分析得头头是道，天皇也被感染了。最终，在 13 时 30 分，天皇正式批准了决定日本命运的《适应局势变化之帝国国策纲要》。

1941 年 7 月 12 日，日本再次召开了座谈会。该会议讨论了日本是否和美国继续谈判的问题。

松冈洋佑认为没有必要和美国继续谈判，应该直接对美国宣战。杉山元个人也认为没有必要跟美国继续谈判下去，但是如果从国家的整个立场来看，应该和美国继续谈判下去。因为日本如果和美国宣战，日本将会陷入一个很疲惫的境地。因此，为了争取足够的时间，应该和美国继续谈判。

近卫文麿首相则担心美日关系会因此而破裂。他认为，日本不应该完全拒绝谈判而直接宣战。而是应该既表示自己的态度，又向美国提出建议。于是，他让手下人拟好了一份建议草案。

可是，当天下午，松冈洋佑却命令只发一份拒绝赫尔声明的训令，对于那份日方的建议草案，并没有让人告诉野村吉三郎。因为建议草案是近卫文麿亲自授权拟定并传达的，但松冈洋佑公然违

抗，因此，松冈洋佑和近卫文麿不可避免地发生了正面冲突。松冈洋佑的强势作风，使得近卫文麿这个首相很难堪。

在这之后，松冈洋佑屡屡冒犯近卫文麿，对此，近卫文麿特别生气。无奈之下，近卫文麿决定以退为进，用辞职的方式和松冈洋佑"同归于尽"。16日，近卫文麿与现任内阁全体成员集体辞职。

1941年7月16日晚上21时，近卫文麿内阁向天皇递交了辞呈。这宣告着第二届近卫文磨内阁的正式结束。

1941年7月17日下午，日本天皇又下令近卫文麿重组内阁。

18日下午，内阁重新组建完毕，海军大将丰田贞次郎接替松冈洋佑担任外相。新内阁组建完毕后，新外相丰田贞次郎发给日本驻

永野修身

德大使一封电报，向他表明日本对三国同盟信守的决心。

此外，新成立的近卫文磨内阁还决定，如果到 10 月上旬，日本与美国的和谈仍然是没有什么进展的话，日本将下定决心对美国宣战。

1941 年 7 月 21 日，美国破译了丰田贞次郎发给日本驻德国大使的电报。电报的内容是这样的："本国政府内阁更迭的目的是为了更好地处理国内问题，并没有其他意思。日本对美国的政策不变，将会继续恪守三国条约。"

通过这封电报，美国可以判断出，新改组的内阁也像之前一样，并没有放弃德意日三国同盟的条约和对法属印度支那的入侵计划。从根本上来说，日本的战略方针一点都没有发生变化。

以东条英机为首的日本军国主义分子认为德国军队的不断胜利，对于日本来说，是一个大好时机，于是，东条英机打算趁势攻占新加坡。

此时，日本和美国正在华盛顿进行外交谈判。如果日本攻占新加坡的话，日本和美国的关系将会破裂。首相近卫文磨仍然犹豫不决。

在会议上，大家意见很不一致，陆军大臣东条英机和海军军令部总长永野修身坚持对美英开一战；原外务大臣松冈洋佑刚开始坚持对苏联开战，接着又见风使舵，强调攻占新加坡；日本陆军皇道派的领袖荒木贞夫也各方奔走怂恿对苏开战，德日携手夹击苏联；

海军大臣及川古志郎主张要和美国继续谈判，不可以轻易宣战。

4月16日，日本和美国拟议《两国谅解草案》，让陆军大臣东条英机和海军大臣及川古志郎分歧最大的是该草案的第三项，这条的内容是日本必须遵守国与国之间互不侵犯的原则，从安南和中国领土撤出军队。陆军坚持认为不能从中国领土上撤出。海军则含糊其辞，没有打赢胜战的信心，认为应该从中国撤军，但又碍于面子，不敢明说，所以支支吾吾。

面临这种窘境，首相近卫文麿更是犹豫不决。但是近卫文麿非常清楚，急于开战的日本陆军，迟早会主动挑起战争事端。

1941年7月21日，美国副国务卿韦尔斯和日本驻美国大使馆

建造中的日本"加贺"号航空母舰

的若杉公使会面了。在会谈中，韦尔斯对若杉说："根据种种迹象表明，日本政府将会在近阶段采取某些行动，某些和平地区将变得不再和平。如果这的确属实的话，那日本所做的就和野村吉三郎大使在谈判桌上所说的有着明显的矛盾……前几天我看到一份重要的情报，说是日本将在最近一段时间内，以武力进攻法属印度支那，这明显违背了美日谈判中维护太平洋和平这一理念。"

若杉假装惊讶道："这样的报告我怎么没看到呢？不过话说回来，即使日本真的对某些地方进行暂时的和平维护的话，对美日两国的谈判会有什么影响吗？"

韦尔斯重复道："这种行为本身违背了美日谈判的精神。"

若杉接着又问："您所说的这个信息的来源，是美国驻日本大使馆吗？"

韦尔斯只是回答："这个信息绝对是准确的。"

若杉还是百般狡辩。韦尔斯彻底看出来了，日本最根本的战略方针，就是将矛头对准了美国。看来，发生正面冲突是难以避免的了。

1941 年 7 月 23 日，美国已经破译了日本进攻法属印度支那的详细情况，韦尔斯副国务卿打电话给正在休假的赫尔国务卿，商量如何处理日本野村吉三郎大使提出的会谈要求。

经过片刻思考，赫尔国务卿告诉韦尔斯说："日本军国主义对法属印度支那的侵略战争，是日本狂热的法西斯分子对西南太平洋

发动全面进攻的最后一个布局。在准备发动战争的时候，他们竟然同时假装和美国进行谈判。对于美国来说，这是一件相当讽刺的事情。因此，在我看来，美国和日本谈判的基础已经丧失了。"

当天，野村吉三郎拜访了韦尔斯副国务卿。野村吉三郎说："法属印度支那是在法国维西政府同意下和平驻军的。对于这件事情，

来栖三郎（左）与野村吉三郎

希望美国政府不要断定日本就是在打侵略战争。如果此时美国对日本采取禁运石油等一系列措施的话，我担心这是个误会，这个将会影响到美国和日本两国之间的关系。而且，日本新一届内阁同前届内阁一样，都是致力于世界和平的。在此，日方真诚希望能够与美国缔结谅解协定。"

此时，韦尔斯看着野村吉三郎虚伪的面孔，在揭发野村吉三郎的真实企图后，他没有多说什么。看到韦尔斯强硬的态度。野村吉三郎不禁语塞，寒暄两句，便匆忙离去。回到日本大使馆，野村吉三郎连夜发一封电报给日本政府。野村吉三郎在电报中告诉日本政府美国的态度极为强硬，谈判已经陷入僵局。

对此，日本政府在7月24日召开紧急会议，传达了野村吉三郎发回的电报，告诉参会者美国的强硬态度。参会的日本权威人士对此特别吃惊。刚开始，他们认为美国方面迫于形势，肯定会采取和谈的方式来解决一切问题，但是现在美国的态度很强硬，说明美国政府也已经做好了和日本进行开战的准备了。虽然日本上下大多希望能够对美国开战，但是他们的心里都没有足够的把握。因此，他们还是希望能够通过和谈，拖住美国。

这天，日军参谋本部战争指导班的日记中写道："虽然野村吉三郎大使的来电让人惊讶于美国的态度，甚至让人认为美国会对日本采取行动，但本班不那样认为。我们认为，美国只是故意做出的强硬态度，其目的是为吓唬日本，现在他们是不敢对日本实行任何措

施的，更不敢直接对日本开战。我们所要做的，就是想办法拖住他们，争取时间，以便用最突然的方式对他们采取进攻，打他们个措手不及。"

7月25日，日军参谋本部战争指导班的日记中又写道："本班坚信，仅仅是进驻法属印度支那这件小事，美国不会因此而对日本实行石油禁运。"

日本政府太狂妄了，他们小看了美国对他们的经济制裁，这些都是导致日本悲剧产生的原因。

1941年7月24日下午，罗斯福召见了野村吉三郎并与其会谈。会谈中，罗斯福暗示野村吉三郎，美国将在近期内对日本实行石油禁运。他告诉野村："很遗憾，野村吉三郎先生。很早之前，美国的舆论就强烈呼吁美国政府，对贵国实行石油的禁运。但本人却一直认为，日本和我们一样，都是为了维护太平洋的和平，因此，我们向日本提供石油是非常必要的。但是，现在，情况发生了改变，太平洋已经变得不再太平了，日本正在用武力进驻法属印度支那。既然太平洋已经不能和平地使用了，那不仅使我国从太平洋地区获得一些生活必需品变得更加困难了，而且再也无法保障太平洋地区的安全了。在安全无法保障的情况下，我们没有必要将石油提供给贵国了。"

听完罗斯福的话，野村吉三郎特别吃惊，他根本就没有想到美国政府会对日本采取经济制裁。对于日本来说，石油是非常重要的，不管是日本的关东军，还是日本的海军，包括日本广大国民，都对石油有着很强的依赖性。如果美国真的对日本进行了石油禁运，这无疑是将日本逼上绝路。

接着，罗斯福又对野村吉三郎说："不过，如果日本军队打消占领法属印度支那的念头，或者即使已经占领了，但同意将军队撤走的话，那我将会向日本作出保证，愿尽力说服中国、荷兰和英国，让他们都承认法属印度支那像瑞士那样永久处于中立地位。"

对于这个提议，野村吉三郎无权作出决定。就野村吉三郎个人而言，他觉得这个提议非常好。但是，他很清楚，日本政府是无法接受这个提议的。他只好匆匆告辞，回到大使馆，立即向日本政府

日本"翔鹤"号航空母舰甲板上停满战机

发了一封电报，将美国方面的意思向日本政府做了详细地汇报。

野村吉三郎告退后，美国陆军部长史汀生和财政部长莫根索非常强烈地主张对日本实行全面的经济封锁和经济制裁。此外，内政部长伊克斯也建议罗斯福对日本实行经济制裁。他们认为，日本的猖狂已经到了让人忍无可忍的地步，如果再不给他们点颜色看看，他们会变本加厉，不将美国放在眼里。但出于和平的考虑，罗斯福心里还是有些犹豫。

经过再三考虑，聪明的罗斯福并没有立即对日本实行经济制裁。他虽然下了决心，但什么时候以什么形式，他还没有最终确定下来。因为罗斯福总统不希望由于美国的经济制裁行动而导致日本对美国做出报复性举动。因此，罗斯福一方面密切关注日方的举动，一方面盘算着下一步的目标。他知道，野村吉三郎肯定在回到大使馆后会第一时间将美国的意思详细汇报给日本政府，罗斯福在等待着日本政府的最终表态。

日本政府在收到野村吉三郎的汇报后，并没有将此当一回事，他们料定美国只是在吓唬日本而已，他们不会对日本进行经济制裁，也不会公然与日本发生决裂。所以，他们仍然肆无忌惮地实施着自己的侵略计划。

7月24日，日本正式进驻法属印度支那，7月26日，罗斯福便宣布冻结日本在美的所有资产和限制石油对日出口。尽管如此，日本政府还天真地认为，美国对日本资产的冻结和石油的控制，可能只是限于法属印度支那南部，不可能全面禁运。然而，让日本没有想到的是，8月1日，美国宣布全面禁止向日本出口石油。

在美国全面禁止向日本出口石油的前一天，赫尔就对副国务卿韦尔斯说："尽快加强防卫，对日本采取除战争以外的一切手段。"就这样，美国用冻结资产和禁运石油来报复日本对法属印度支那的进驻。对日本石油的禁运，是一种除战争之外最有效的制裁，它令日本上下陷入愤怒和恐惧之中。因为，缺乏石油的日本会濒临瘫痪。正如美国驻日大使格鲁所预料的那样：报复与反报复是恶性循环的开始……最终，战争是不可避免的。

★日本主战派与保守派的争论

6月11日，日本政府联合大本营又举行了一次会谈，会上讨论了有关进攻法属印度支那的问题。问题的核心，就是现在这个阶段，日军能不能冒着得罪英美的危险进攻法属印度支那。针对这个问题，日军实权派首领进行了激烈地讨论。

杉山元："统帅部希望能够让帝国的军队进驻法属印度支那南部。关于这个问题，大家有什么不同的意见吗？"

松冈洋佑："占领法属印度支那自然是好事，但是如果真是这样做的话，美国和英国肯定不会坐视不理的。英国的军队或许会开进泰国，与我们的军队形成对峙。"

杉山元："现在不是10年前，更不是100年前，英国早已不是

过去的那个'日不落帝国'了，即使真的与他们正面交锋，他们半点便宜也不会捞到。况且，现在的英国早已被希特勒折磨得自顾不暇，他们根本就没有时间和精力去管闲事了。"

松冈洋佑："如果真的出兵占领法属印度支那的话，那对缅甸也会产生一定影响，果真如此，那英国肯定会进行干涉。"

杉山元："从理论上讲是这样的，但是我始终认为，如果我军态度强硬且有足够大的威慑力的话，英国就不会干涉此事。"

松冈洋佑："我仍然觉得这样做风险比较大，能不能想一个更加稳妥的办法呢？"

永野修身："我军这次必然要对法属印度支那和泰国实行武力进攻，如果谁敢进行阻挠的话，那我们会对他进行狠狠地打击。作为一名军人，我一直坚信，该打的就得打。"

由于永野修身态度强硬，许多人不得不保持沉默。

5. 谈不拢导致军事行动

为了遏制日本的能源，美国决定对日本进行石油禁运。日本是一个岛国，资源匮乏。在 20 世纪 30 年代，日本有 90% 的石油需要从国外进口，其中有 85% 的石油是来自美国。

事实上，日本在中国领土上进行长达 4 年的战争也是为了解决国内的能源危机。因为亚洲的其他国家有着丰富的自然资源。而日本对亚洲国家的侵略，使美国在亚洲的利益受到了侵犯，美国岂能袖手旁观呢？由于罗斯福总统受到多方面的压力，很难与日本在太平洋发生军事冲突。因为这样会让美国无暇向英法诸国提供援助。因此，罗斯福所能做的，只有在经济上对日本予以制裁。当日军在 1940 年入侵印度支那北部时，罗斯福便下令禁止对日本出口废铁和钢材。不久，又下令禁止向日本出口燃料和润滑油。

同时，日本人也在思考新的外交模式。首先，他们在中国东北成立伪满洲国临时政府，实际上控制了中国的东北地区。同时，他们又进一步加强与德国和意大利的关系，使三国之间的关系更加牢固。之后，日本又主张延长在中国的战争，进一步向亚洲实行侵略计划。通过亚洲能源的供给，达到能源上的自足。日本一方面继续在亚洲的扩张，另一方面又不肯向美国做出半点儿让步，这使得美

国很恼火，罗斯福和赫尔也没有做出半点儿让步。

在太平洋地区，美国有 3 艘航空母舰，日本有 10 艘航空母舰。美国在太平洋地区处于劣势。美国政府非常清楚，如果日本的野心没有得到满足，日军将会使出各种各样卑鄙的手段，这是日本军国主义的本质。

美国的情报人员，一直在截取日本的机密电报，同时对日本的一举一动进行了密切地关注，但是，他们仍然不知道日本会在什么时间、采取什么样的战争措施。

日本军国主义分子在罗斯福对日正式宣布禁运石油的那一刻起，就愤怒了，他们正迫不及待地想要同美国一战，机会终于来了。这些好战分子，始终都认为日本完全有实力击败美国。他们想称霸世界。他们试图以"建立大东亚共荣圈"为幌子，来占领整个亚洲。

美国的经济制裁，使得日本失去了赖以生存的石油和粮食等资源，如果日本的这些资源没有得到及时的补充，日本将会不战而败。如果日本想要得到必要的物资供给，就必须控制东南亚，想要控制东南亚，就必须除掉珍珠港美军的威胁。所以，为了解决自己的能源危机，日本政府必须通过战争来解决问题。

为了使美国在太平洋彻底失去战斗力，日本计划对美国太平洋的舰队进行突然袭击，摧毁美国的航空母舰。偷袭是打败美国这个世界上经济和军事强国最好的办法。如果日本偷袭成功，那么日本就获得了对美战争的主动权。事实证明，日本的偷袭取得了很大的成功，因此，美国太平洋舰队陷入了长达半年之久的瘫痪状态。趁着美国乱得一团糟的时候，日本开始入侵东南亚各国，对美国形成威慑，取得了初步的胜利。美国政府在珍珠港遭袭击之后，开始正式对日宣战。

对于罗斯福的建议，野村虽然赞赏却无权做主

在日本真正偷袭珍珠港之前，美国民众仍希望政府对日本采取孤立态度，美国政府难以扭转民众的呼吁声。而美国全体民众正是由于珍珠港的耻辱，才群情激愤，齐呼与日本决一死战。

当时的国际形势又是怎样呢？美国海军情报局在提交给美国海军作战部长的《关于远东形势备忘录》中这样写道：

"日本的政治形势：由于东条内阁的上台，日本在对外强硬主义派的支持下，正在朝着同轴心国建立密切的关系方向发展。据说，东条将军除担任首相外还兼任内相和陆相，这显然是因为日本陆军业已掌握了政府的领导权。如果这是事实的话，那就清楚地意味着日本说不定会采取不利于美国利益的积极行动。

日本陆军的状况：据可靠人士说，驻在满洲、朝鲜和外蒙古的日军兵力达 684 000 人之多。这支兵力是准备用于进攻苏联的。驻扎在法属印度支那的日军约有 50 000 人。这支部队不是为了进攻泰国而部署在那里的。但是，据说日本在不久的将来，要使那里的兵力增加到两倍，其中部分增援部队已经抵达河内。

日本海军的状况：可以设想，现在日本海军正在全面动员起来，以应付其所面临的局面。除南洋群岛和亚洲大陆所必不可少的兵力之外，其余兵力全部集结在日本本土水域。联合舰队没有行动，但已对舰上人员进行大批轮换。在此非常时期对舰上人员重新进行编制，这就意味着日本已做好准备，以便应付必须动用全部海军兵力的那种非常事态的发生，可以想象，动员计划恐怕已经考虑就绪。"

可见，美国密切地关注着日本的一举一动，他们精确地分析着日本的形势。对于这场未知胜负的战争。美国做好了很充分的心理准备。美国的破译机截取了大量的日本方面的情报。得知了日本的开战决心，但是美国人根本就没有想到日本会偷袭珍珠港，更没有想到的是日本对偷袭珍珠港蓄谋已久。

1941 年 10 月 13 日下午，东条英机内阁召开了一次紧急会议。

会上，军令部总长永野修身和参谋总长杉山元分别就日本海军的状态做了分析，并对陆军进驻法属印度进行了说明。接着，各内阁成员之间进行了讨论。

永野修身："现在的时间是 10 月份，我们的研究会议要尽快讨论出具体的方案来。美国已经对我们进行了石油禁运，我们一小时要消耗石油大约 400 多吨。事情紧急，大家必须讨论出一个可行的方法。"

杉山元："确实，我们研究商讨的结果，应该尽快予以公布，不能在这些事情上浪费太多的时间，并且在最短的时间内作出决定。"

东条英机："对于政府要做的事情，我心里非常清楚，我希望我们今天的讨论要站在一个新的立场来看待所有问题。"

于是，会议列举了十一项需要讨论决议的内容：

一、对欧洲战局的估计；

二、对同美、英、荷作战初期和几年内情况估计；

三、因今秋对南方开战而引起的与北方有关的问题；

四、对在同美、英、荷作战中征用船只的数量及其消耗的估计；

五、对主要物资供应的估计；

六、对由于同美、英、荷作战而引起的日本的预算规模和金融方面持久性的判断；

七、和德国、意大利合作的程度；

八、美、英、荷三国是否可以分化的问题；

九、如果明年3月份开战，有关对外关系的利弊、物资供应的估计、作战方面的利弊问题；

十、对继续同美国谈判，能否在短期内实现9月6日御前会议所决定的我方"最低限度要求"的估计；

十一、同美、英、荷作战给予重庆方面带来的影响。

这次讨论是东条英机根据天皇"努力向和平发展"的指示进行的。对此，许多人对东条英机的行为很不满，因为在他做首相之前，对美国开战的决心世人皆知，现在做了首相，却事事按照天皇旨意行事，似乎越来越没有骨气了。

但是，东条英机比任何人都清楚，天皇所谓的"和平发展"只是一个幌子而已。在没有百分之百的把握之前，天皇心中还是存在着最后一丝犹豫，他作出的"和平发展"的指示，为的是让以东条英机为首的内阁，为战争的胜利做好最充分的准备。就在东条内阁紧锣密鼓地开会准备的同时，日本的谍报人员正在暗中搜集有关珍珠港的一切资料。

★准备豪赌的狂妄者

美国对日本实施的资金冻结和石油禁运的经济措施，使得日本国民上下一片慌张。当时的日本军国主义分子几乎陷入绝望，绝望的日本政府已经做好了垂死挣扎的准备。1941 年 10 月，近卫文麿内阁的倒台，东条英机的掌权，加速了战争的进程。1941 年 11 月 5 日，在御前会议上，好战分子极力说服犹豫不决的天皇对美宣战，他们认为不管进行什么样的谈判都无法阻止战争的到来。他们更清楚，美日之间的这一仗，是无论如何都避免不了的。既然如此，那么越早开战，对日本越有利。

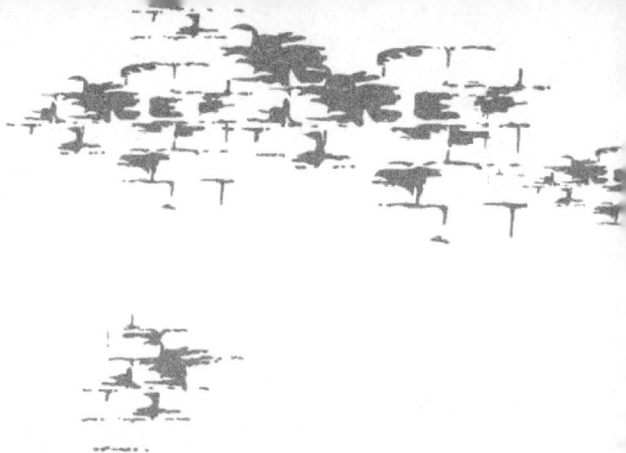

★领事馆提供的情报大都是一些说明哪些美国军舰在港口停泊的一般性情报，这些情报根本就无法满足山本五十六制定作战计划的需要。山本五十六需要知道每一艘美国军舰的准确停泊位置、美国在珍珠港的空中巡逻以及飞机部署方面的种种问题，这些问题对作战计划的制定以及执行成功与否起着至关重要的作用。日本海军军令部根据山本五十六的要求，决定派一名海军情报专家前往珍珠港。这个人就是吉川猛夫。

★金梅尔与山本五十六，两个人都出生于各自国家的一个小城市，两个人都是1904年从自己国家的海军军校毕业，他们都有坚定的意志和强烈的献身精神。两个人都拥有出色的指挥才能，他们对形势的分析和战局的把握，都能拿捏得恰到好处。两个人都是能立刻吸引别人注意力的人，无论走到哪里都是焦点。两个人都在自己的周围聚集了大量的优秀人才，并且通过自己的人格魅力得到了这些人的尊重。

1. 谍影"闲荡"珍珠港

事实上，在很早以前，日本海军情报部就在夏威夷成立了一个谍报组。当时他们雇佣了一个名叫奥托·库恩的德国人、一个和尚和两个日本血统的美国人充当谍报人员。奥托·库恩自称社交很广，认识许多要人。这只不过是吹牛，实际上，他所提供的情报都是些无关紧要的。奥托·库恩是希姆莱（德国党卫队首领，盖世太保总管）的旧友，因为希姆莱并不赏识他，他只好避居到夏威夷，脱离纳粹。可惜祸不单行，奥托·库恩在做房产的买卖中赔掉了老本，为了维持一家人的生活，他只好做日本的间谍。

同时，日本驻夏威夷领事馆在总领事喜多的积极组织下，也在搜集关于美国海军在夏威夷部署与活动的情报。1940年，在喜多回国后，海军军令部委派奥田乙治郎前往檀香山，组织和领导夏威夷的情报网。奥田乙治郎是一位精明能干的谍报组织专家，他迅速地拓展了夏威夷的间谍工作。当时监测美国舰队并非难事，因为当地新闻和媒体常常报道有关美军舰只和人员的情况，所以只要注意搜集和整理这些材料就可以得到很有价值的情报。但是后来，由于美军越来越注意保密工作，夏威夷的新闻媒体也开始有意识地保密有关军事方面的消息，想通过公共渠道获取新闻变得越来越艰难。而

二战期间日本全民皆兵。图为接受军事训练的青少年

且，领事馆提供的情报大都是一些说明哪些美国军舰在港口停泊的一般性情报，这些情报根本就无法满足山本五十六制定作战计划的需要。山本五十六需要知道每一艘美国军舰的准确停泊位置、美国在珍珠港的空中巡逻以及飞机部署方面的种种问题，这些问题对作战计划的制定以及执行成功与否起着至关重要的作用。日本海军军令部根据山本五十六的要求，决定派一名海军情报专家前往珍珠港。这个人就是吉川猛夫。

1941 年 3 月 20 日，海军少尉吉川猛夫在经过 8 个月的严格训练之后，化名为外务书记"森村正"，他肩负着一个特殊的使命，那就是收集有关珍珠港美国战舰的状况与变化，飞机的种类、数量、防空状况、飞机和舰船的巡逻情况，等等。此时，他所乘坐的"新田丸"号运输船刚刚离开横滨码头，悄然向檀香山进发。

1941 年 5 月 12 日，吉川猛夫发出第一份密电，密电中详细罗列了 11 日停泊在珍珠港中美国舰队的数目和名称。军令部对这则消息特别重视，命令吉川猛夫在 5 至 7 三个月中，每隔十天就要报

吉川猛夫

告一次，而到了 8 月，则需每三天报告一次。到了 12 月胃口更大，竟要每天报告一次了。吉川猛夫也不辱使命，他绞尽脑汁、不择手段地窃取情报，这样，日本人很快就掌握了珍珠港美国太平洋舰队活动的规律。

吉川猛夫窃取情报的手段，各种各样。

为了获得情报，他有时乔装打扮成菲律宾人，蓬头垢面，像个乞丐似的，穿着素色的夏威夷衫去甘蔗田里帮工，因为吉川猛夫发现从甘蔗田里往外看，可以看到整个珍珠港。有时，他也会大胆地将鱼竿伸到珍珠港海湾，包着一块毛巾的脸后面是一副漫不经心的表情……

随着日本和美国的关系日益恶化，美方的监视行动也越来越严密了，为了获取更多的情报，吉川猛夫的工作只能越来越拼命，他使出浑身解数，来完成上司下达的一个又一个命令。

1941 年 10 月 15 日，日本的一艘名为"龙田丸"号运输船从横滨起航，23 日到达檀香山港。日本军令部的中岛凑乔装成客船工作人员混在这艘船上。

客船到达檀香山港后，当喜多总领事上船探望时，中岛凑从桌子下面拿出一个纸捻，悄悄塞给喜多说："我是军令部的中岛凑少佐。请你务必将这个交给吉川猛夫少尉。"

吉川猛夫接到信息后，小心地打开纸捻，只见上面用铅笔写满了字，是日本军令部的一封密信，里面密密麻麻地提了 91 个问题，

从图中可以看到珍珠港入口处十分狭窄，只能允许一艘大型军舰单向航行

让他将侦察到的美国舰队的信息做详细地说明。

当天晚上，吉川猛夫将他近7个月搜集到的重要情报汇总之后，对军部所提的问题一一做了详细回答。这些问题中有许多都是极为重要的，对战争将起到决定性的作用。其中，几个非常重要的问题是这样答复的：

问："最关键的问题是，在一般情况下，美军通常在星期几前往珍珠港停泊的军舰最多？"

答："星期日。"

问："每天日出和日落时刻，美军有多少架大型水上飞机从珍珠港起飞进行巡逻飞行？"

答："每天的日出和日落时分，美军都会派出大约十来架飞机进行巡逻飞行。"

问："美国的航空基地设在什么地方呢？"

答："我绘制了一份地形图，美国的航空基地就设在地图上标有希卡姆机场和惠勒机场的位置。"

问："在珍珠港的入口处，是否设有潜水艇的防护网？"

答："有的，但是防潜水艇网的具体类型等详细情况，目前还没有探测清楚。"

问："美军停泊在珍珠港内的舰艇是否已经做好了物资补给和出航的准备工作呢？"

答："只进行过一般性的物资补给，战舰并没有做好任何战斗的准备。"

问："美军舰队是否每周都出港？他们驶向何方？执行什么任务？航空母舰的情况如何？"

答："大体上每个星期美国的舰队都会出港，但具体情况不明。"

第二天，吉川猛夫将回答的问题和自己所搜集来的资料整理好，偷偷交给了喜多总领事。喜多将情报藏在腰带里，并十分认真地对吉川猛夫说："放心吧，我一定会将这份情报亲手转交给军令部相关负责人。"

日本谍报人员收集的情报，为太平洋联合舰队更加深入全面地

"冰川丸"号运输船

了解珍珠港提供了宝贵的参考资料。然而，这些所谓的"真实"情况，距离达到保证珍珠港作战必胜的要求仍然相差甚远。

吉川猛夫向日本海军情报部门提供了大量的情报，但日本联合舰队的山本五十六仍然对这些情报的真实性表示怀疑。

随着山本五十六袭击珍珠港日期的迫近，日军方面决定加强对珍珠港的侦察工作。于是，日本政府指示驻美大使馆的野村吉三郎，在谈判中，可以适当做出些让步，让美国将紧闭的"大门"打开一道缝。于是，野村吉三郎在与美国的谈判中，不管在口气上，还是在日本的立场上，都做出了想要让步的姿态。这样一来，美国终于将紧闭的"大门"拉开了一道"缝隙"，他们允许日本3艘客船从日本到美国航行，但不允许船上装载货物。就这样，日本的间谍便有了可乘之机。

1941年10月12日，美国和日本的新闻界同时发布了3艘日本航船驶往美国的时间表："龙田丸"号运输船于10月15日从横滨港起航，绕道檀香山，10月30日抵达旧金山；"冰川丸"号运输船10月20日由横滨港起航，11月1日抵达西雅图；"大洋丸"号运输船10月22日由横滨港起航，11月1日抵达檀香山。

美国人之所以如此"大度"，主要目的是希望通过"让步"缓和陷入僵局的美日谈判，希望两国的紧张局势得到缓解。利用这个机会，日本的间谍混入了航船，对袭击珍珠港所经过的航线及夏威夷的情况进行了秘密侦察。

日本联合舰队的山本五十六希望日军间谍能够通过这次机会，亲自勘察进攻夏威夷的航线，并对珍珠港的驻美军舰做一个汇总。这样一来，可以清楚地知道珍珠港的各种真实情况，对下一步计划的展开有很大的好处。

为此，日本海军军令部挑选出具有丰富经验和良好专业技能的军官，组成了一个特工小组，混入航船，沿途侦察珍珠港。

前岛寿英是这个特工小组的负责人，他是一个资历很深的情报人员，又是研究潜水艇的专家。此外，前岛寿英头脑敏锐，观察细微。日本海军军令部对前岛寿英十分信任，也十分放心他去领导执行这次"特别任务"。前岛寿英是个精细的人，在几天前，他就知道自己负责珍珠港的侦察，他非常自信，决定将珍珠港的真实情报弄清，汇报给山本五十六。

除前岛寿英外，特工小组的人员还包括前岛寿英的助手松尾敬宇和铃木英两人。松尾敬宇的任务是探明微型潜艇是否有潜入珍珠港的可能性。铃木英的任务是记录珍珠港美军舰队的真实数据。

在前岛寿英、铃木英等人积极准备出海之前，10月15日，日本的"龙田丸"号运输船从横滨港起航。这艘船上搭载了另外几名日本间谍。船长木村阪男是一位预备役海军军官，他的手下全是新船员。随船前往的还有一位海军军官，他将在檀香山与喜多接头，然后去旧金山搜集有关苏联、美国和其他国家沿北太平洋航线开往远东的商船的情报，他还负责搜集在西海岸能够搞到的有关美国海

珍珠港另外一角，图中可以看到海军潜艇基地和"U"型的海军司令部，图右是海军油库

军的一切情报。此外，船上还有两位神秘的人物，一位是被称为监察员的前田国昭，另一位是被称为交通省代表的土屋贤一。他们的真实身份是日本中岛凑海军少校和外务省信使。"龙田丸"号运输船上的这些特工人员，还肩负着另一个使命——与夏威夷建立预备通讯渠道，以防美国中止与日本的正常通讯或禁止使用密码电报。

在"龙田丸"号运输船即将靠岸之际，一个秘密特工交给船长一封信件，要他妥善保管好，将其交给日本驻檀香山总领事喜多。这封信要求喜多立即全力以赴地搜集有关驻珍珠港美国海军的情报，信中还特别交代让喜多准备一份详细的军事地图，标明美军在珍珠港的每个军事设施的规模、兵力及具体位置，并告诉喜多，地图将由一位随后到达檀香山的日本特工人员秘密取走。

"大洋丸"号运输船

10月23日，"龙田丸"号运输船抵达檀香山，喜多来到船上，与日军派来的特工秘密接头，并交给这位特工一封有关珍珠港舰队真实情况的情报。"龙田丸"号运输船在檀香山停留了一天，第二天便起航驶往旧金山。

在日本东京，前岛寿英、铃木英和松尾敬宇早已做好了出发前的最后准备。10月21日，在"大洋丸"号运输船出发前的最后一次秘密会议上，铃木英拿到一份任务表，被受命要不惜一切代价完成任务，并保护好这份任务表。前岛寿英、铃木英和松尾敬宇三人各有分工，但一致的任务是：密切注视太平洋航线上所有美军舰艇的动向。因为，他们乘坐的"大洋丸"号运输船将沿着南云忠一将来要走的航线做一次近似实战的试航。

前岛寿英等三人还被告知，他们这次执行任务中还要对中途岛以前的侦察的关键区域再做仔细观察。如果"大洋丸"号运输船在哪个地方发现了美国的巡逻机，就说明那个地区不安全，那么将来在发动战争的时候，日本联合舰队就会考虑绕开这个区域。此外，他们需要注意的另一个重要地区，是瓦胡岛西北水域，尤其要对坐落在瓦胡岛上的珍珠港进行更加仔细地侦察。在那里，他们必须查明将来是否有可能发现日本特造舰队行踪的美国飞机和舰船。除了这些任务，他们三人还需要对沿途海域的气象进行观测，记录具体的天气情况，并且，对瓦胡岛周围的舰艇停泊情况做一个详细地记录。

在"大洋丸"号运输船人员名单中，没有铃木英和前岛寿英的名字。铃木英的身份是轮船的事务长助理，前岛寿英的身份是一名船医。为了做到万无一失，前岛寿英还在临行前学习了一些最简单的医护常识。松尾敬宇则混在旅客的中间。

10月22日，"大洋丸"号运输船开始从横滨港起航，同"龙田丸"号运输船一样，这艘船严格坚持无线电静默。在整个航行期间，铃木英、前岛寿英和松尾敬宇滞留在甲板上，他们在甲板上踱着步子，看起来好像很悠闲。两个人趴在栏杆上观看着波涛翻滚的大海，还不时用高倍望远镜看向远处的天空。其实，他们并不悠闲，他们正在执行着任务。他们将每一个地点的气象情况都默默记了下来。在夜深人静之时，铃木英都要躲在舱里偷偷撰写一份有关风速、风向、能见度、船只摇摆颠簸度以及海面情况的报告。每天晚上，3名特工人员轮流进行着这一令人疲倦的观察，在观察中还要提高警惕，避免被人发现。尽管这项工作单调乏味，但是这样的工作对袭击珍珠港成功与否起着关键性的作用，因此，他们一点都不敢疏忽。

当"大洋丸"号运输船改变航向，从北边向瓦胡岛驶去时，海面变得更平静了，天气变得更暖和了，但铃木英等人却更紧张了。

11月1日黎明前，"大洋丸"号运输船行驶到瓦胡岛以北173海里的海域。在这里，他们发现一架美国巡逻机。铃木英在观察日记中写道："瓦胡岛以北173海里处，发现美军巡逻机。"

"龙田丸"号运输船

当"大洋丸"号运输船行驶到瓦胡岛以北约 260 海里处的海域时，三人又发现一个美国飞机编队，并且这个编队向"大洋丸"号运输船实施了佯攻，铃木英等三人不动声色，他们知道，这只是美军在进行试探罢了，他们是不会攻击满载普通客人的轮船的。果然，美军的飞机编队围着"大洋丸"号运输船转了几圈之后就飞走了。于是，铃木英又草草记录道："瓦胡岛以北 260 海里处，发现美军飞机编队。"

"大洋丸"号运输船在海面平静地行驶着，不久，他们就即将到达夏威夷港口。铃木英已隐隐看见了港口后面的绿色群山和山后白茫茫的雾气。在整个航行的过程中，铃木英和同伴们没有发现美军的一艘巡逻舰艇，这让他们感到非常高兴。

11 月 1 日上午 8 时 30 分，"大洋丸"号运输船准时驶进檀香山港口，船缓缓放下锚链。这一天是星期六，与后来日本袭击珍珠港的时间几乎相同。这一切并不是巧合，而是日本的精心安排。

"大洋丸"号运输船刚一靠岸，日军驻檀香山的领事喜多就来到了船上。铃木英等三人秘密与喜多接上了头，并告诉喜多日本海军目前最关心的一系列问题。喜多将这些问题一一记了下来，然后又不动声色地离开了。

11 月 5 日傍晚，"大洋丸"号运输船驶离檀香山。在"大洋丸"号运输船航行的整个过程中，美国派出了一艘警卫舰进行监控，但美军无论如何也没有想到，就在眼前的这艘航船里，装载着有关珍珠港的所有"秘密"。

★高级特工吉川猛夫

1912 年，吉川猛夫在日本爱媛县松山市出生，1933 年，在日本江田岛海军学校毕业。他随机应变能力很强，特别机警，1940 年5 月，年仅 29 岁的他以外交官身份被派往日本驻檀香山总领事馆从事间谍工作。他对美国海军特别了解，连军事专家都自愧不如。

刚到美国檀香山，吉川猛夫从头到脚打扮了一番。他打扮成一位旅游观光者，在大街上来回兜风，事实上，他在暗中不断地观察着珍珠港军事要地。

他还认识了位于阿莱瓦高地山岗上的日本"春潮楼"酒馆老板。在这个酒馆的二楼可以俯瞰整个珍珠港。因此，他天天泡在这个酒馆。经常搂着妓女，假装喝得酩酊大醉，然后假装醉醺醺地躲在拉床的背后，目不转睛地盯着珍珠港……

吉川猛夫在总领事馆的薪水是每月 150 美元，还有半年 600 美元的活动经费，他出手大方，当然也结交到了各个阶层的朋友，因此，收集到了很多的情报。为了防止联邦特工的注意和跟踪，吉川猛夫从来不带望远镜和相机，他的记忆力特别好，从来不带地图。通常他会将通过各种各样的途径获得的情报标在地图上，与领事，副领事采用笔谈的方式进行商量。

吉川猛夫有时候会将情报通过领事馆的发报机发出去，有时

候会利用夏威夷民间广播节目将情报以其他形式播出去。用领事馆的发报机发出的情报，有时常常有这样的内容："一条名叫麦耶的警犬走失"，"近乎全新的中国地毯"，等等。这里的"麦耶"和"中国地毯"都是美国海军航空母舰战列舰的代号，"丢失"就代表其出港了。

2. 珍珠港的"保护神"

夏威夷群岛是一群美丽的岛屿，它像一颗颗撒在太平洋上的璀璨明珠。这里是一个人间天堂，有金色的海滩和动人的夏威夷歌谣。

夏威夷又被称为"彩虹之城"。每当天空下起牛毛细雨时，空气中都会激荡着丝丝凉意。雨后，一道五颜六色的彩虹挂在天边，穿越于一幢幢高楼大厦之间，像一座气势宏伟的立交桥。有的时候，彩虹会出现在微波点点、一望无垠的大海上，远远望去，像是一条色彩斑斓的彩桥。这道美丽的彩虹有时候会悄悄地"降临"在大街小巷之间，"眨着眼睛"，像是五颜六色的霓虹灯。

夏威夷曾经有过火山，褐色的火山石伸入蓝色的海洋，或是围拢和散落在美丽的海岸线上，仿佛向人们诉说着不堪回首的往事。一阵阵轻柔的海风轻轻地划过面庞，让人感到一丝丝温暖和力量。极目远眺，只见水天一色，连在了一起，给人以无穷无尽的遐想。

这是一个全部由火山岛和珊瑚岛组成的岛屿，其中夏威夷的大基拉韦厄火山、毛伊岛的哈莱阿卡拉火山、莫洛凯岛的拉伊医院和瓦胡岛的珍珠港，都是著名的游览胜地。

很早以前，住在夏威夷群岛的居民是波利尼亚族。英国的著名

停泊在船坞内的"宾夕法尼亚"号战列舰

探险家詹姆斯·科克发现了这座群岛之后，将这座群岛正式介绍给全世界。最初的时候，科克曾把这些岛屿命名为"三明治岛"。

其实，在最初的时候，夏威夷群岛上有很多的部落，后来，卡美哈梅哈大帝经过多年征战，在1810年统一了夏威夷群岛。统一夏威夷群岛之后，卡美哈梅哈大帝很不喜欢"三明治岛"这个名字。于是，他便在1818年正式将这座岛屿改名为"夏威夷王岛"。卡美哈梅哈在保留了当地的一些传统习惯之外，还学习西方的一些先进制度，将夏威夷王岛建设成为了一个独立自主的国家。在19世纪中期，卡美哈梅哈成功抵抗了殖民主义者的多次进攻。由此，卡美哈梅哈大帝被尊称为"太平洋的拿破仑"。后来，他的儿子卡美哈梅哈二世于1850年8月31日在檀香山建都。

1898年，美国占领了夏威夷。随着19世纪30年代末世界形势的再次动荡，美国开始加强了夏威夷的军事力量。从此，这个太平洋上平静而美丽的岛屿，也即将要接受炮火和硝烟的洗礼。

1941年2月1日，金色的阳光洒在珍珠港内"宾夕法尼亚"号战列舰的后甲板上，战舰的铜饰件在阳光下闪闪发亮，特别刺眼。许多美军士兵整整齐齐地站在甲板上，在湛蓝的天空下，他们每个人都显得精神抖擞。没过多久，一批又一批身穿镶着金边制服的人从舷梯走上来，水手用像时钟般准确的节奏吹响哨子。顷刻，16位将官迅速在最前面站成一排。在他们后面，站着珍珠港中各军舰的舰长们和许多参谋军官。

珍珠港内的美军士兵

不久，一群高级官员随着《上将进行曲》的音乐声的响起结队走来。走在最前面的是太平洋舰队司令理查森上将。他庄严肃穆的神情一如既往，高大挺拔的身躯像一颗秋天里的白杨树。然而，理查森的脚步却失去了以往的铿锵有力，似乎显得有些沉重，因为今天将是他最后一次站在这里训话了。

理查森站在甲板上，恋恋不舍地环视了一下自己周围的这些官兵们。然后，他用饱满的声音开始讲话："今天是我最后一次以舰队司令的身份与你们讲话，因为我即将要离开你们。不过，唯一让我感到欣慰的是，我将把指挥权交给一个非常优秀的指挥官——金梅尔上将。金梅尔将军与我相识已久，我深知他的才能和为人，他是一个性情直爽的人，也是一个有显著能力的司令官。我相信，他一定能够带领大家，走向新的辉煌。"

在理查森进行离职演讲时，金梅尔站在理查森身后，聚精会神地倾听着理查森的每一句话。此刻，金梅尔脸上的表情也像理查森一样庄严肃穆。金梅尔是一个满腔豪情的人，他热爱自己的祖国，热爱祖国的军队。同时，对于现在这种非常庄严的场合，金梅尔也非常喜欢。

今天，对于金梅尔来说，是个特殊的日子。37 年前的今天，是金梅尔结束学业的日子。现在，时间已经过了 37 年，现在的金梅尔，早已成为了一个经验丰富的指挥官和一个驰骋沙场的老将。

理查森发表完讲话后，将目光投向了金梅尔，"接下来，由新任司令长官金梅尔给大家讲话。"

金梅尔迅速戴上一副金边眼镜，然后从怀里取出一页演讲稿。他走上前去，用一种很清晰的语调开始了自己的讲话。

金梅尔怀着激动的心情，将目光集中在甲板上所有的官兵身上，他环视了一周后，态度坚决地对大家说："我在这里告诉大家，

《时代》周刊封面上的金梅尔

我个人的作战指导原则，就是想尽一切办法使舰队保持最高水准的效率和状态。而且，我对执行力极为看重。在以后的相处中，不管政府给我下达什么样的命令，我都会尽自己的全力去贯彻执行。同样，不管我对你们下达什么样的命令，我也希望你们能够去尽自己的全力去贯彻执行。"

在这次交接仪式的整个过程中，有部分记者从头到尾地都参加了。第二天，夏威夷当地的《檀香山广告报》上登载了一篇记者马克·马修斯的报道，他在报道中这样描述金梅尔："金梅尔司令来自肯塔基，他是一名优秀的指挥官。现在，他已经成为了太平洋舰队新任指挥官。从此以后，他将成为珍珠港的'保护神'。"

年近 60 岁的金梅尔是一个极度自信并时时为自己感到骄傲的指挥官。他长着一头深金色的头发，其中还夹杂着几缕灰白色，仿佛告诉人们他已经不再年轻。宽平的眉毛下面是一双明亮的眼睛，放射着智慧与老练的光芒。他现在是太平洋舰队的新指挥官了，珍珠港的命运将掌握在他的手里。

金梅尔的出色表现有目共睹，直到 1941 年初，所有有关金梅尔的记录都是对他高度评价的报告和远大前程的预测，几乎他的所有上级都对他给予肯定和表示满意。但是，当金梅尔被任命为太平洋舰队的总司令时，从官员到士兵还是感到了异常惊讶。因为金梅尔的级别毕竟比较低，而且也没有太高的知名度，仅在美国海军的将官中，比金梅尔资历深、水平高的人还是有很多的。后来，日本

偷袭珍珠港之后，金梅尔由于玩忽职守而遭到了调查，调查团曾经这样问过金梅尔："你是否对自己就任太平洋舰队司令一职进行了暗中活动，或利用某些关系才取得了太平洋舰队的指挥权？"金梅尔坚定地回答；"没有，先生。我可以肯定地告诉你，我成为太平洋舰队司令没有进行任何暗中的活动，我完全是靠自己的实力得到这个职位的……"在这一点上，金梅尔的回答是事实。因为当时美国海军部之所以决定任命金梅尔担任太平洋舰队的司令官，原因只有一个，那就是在他们认为只有金梅尔才是最适合指挥太平洋舰队的指挥官。

因此，美国海军部任命了一个与日本太平洋舰队司令山本五十六有着许多共同之处的人担任美国太平洋舰队司令。

金梅尔与山本五十六，两个人都出生于各自国家的一个小城市，两个人都是1904年从自己国家的海军军校毕业，他们都有坚定的意志和强烈的献身精神。两个人都拥有出色的指挥才能，他们对形势的分析和战局的把握，都能拿捏得恰到好处。两个人都是能立刻吸引别人注意力的人，无论走到哪里都是焦点。两个人都在自己的周围聚集了大量的优秀人才，并且通过自己的人格魅力得到了这些人的尊重。此外，两人都能够做到"用人不疑，疑人不用"，能够充分听取下级的意见。更为重要的是，两个人都将国家利益看得比一切都重要。

除此之外，山本五十六与金梅尔最大的共同之处是两个人都拥有暴躁的脾气。当他们发怒的时候，别人通常会吓得连话都不敢说。

可是，金梅尔与山本五十六，虽然有着许多相似之处，但两个人的命运却截然不同。

金梅尔出任太平洋舰队的司令时间不久，政府又派来了新任的夏威夷陆军司令官肖特陆军少将。由他来接管原陆军上将海伦的指挥权。

2月7日上午9时，肖特来到了珍珠港，原陆军司令海伦正式与肖特做了交接仪式。

1880年，肖特将军出生于伊利诺伊斯州，1902年大学毕业。1912年到1916年间，肖特担任过射击学校的特约记者。不久后，他又随第16步兵团前往墨西哥进行远征。在第一次世界大战中，肖特英勇善战，取得了令人骄傲的战绩。第一次世界大战结束后，

"犹他"号战列舰在太平洋战争爆发时，作为训练舰停泊在珍珠港

肖特在华盛顿服过 3 年兵役，服役期满后，肖特曾在美国陆军部和陆军参谋部供职，不久后他又进入美国陆军军事学校进行深造。1925 年，刚刚毕业后就远赴波多黎各供职。1937 年，肖特被晋升为陆军准将。随着第二次世界大战的爆发和太平洋局势的日渐紧张，肖特被调往夏威夷担任陆军司令。

肖特担任太平洋陆军司令之后，与太平洋舰队司令金梅尔进行了很深入地交流。他们一起在夏威夷巡视，对珍珠港也做了深入调查了解。随着调查的深入，金梅尔和肖特对珍珠港的情况越来越清楚，两人都对珍珠港薄弱的防御表示了担忧。因为，作为太平洋战区核心的珍珠港，却防御力量单薄，武器配备落后，一旦遭遇空袭，将会面临着灭顶之灾。于是，两人将这些情况上报给美国政府，但是美国政府对此并没有作出正面的回答。

肖特到来后，成为金梅尔最得力的助手，也成了金梅尔重要的参谋之一。

金梅尔上任不久后，就给他的上司写了一封信详细介绍珍珠港的现状，并强烈要求美国政府必须增加珍珠港的防御兵力。但他的上司回信说："你要求对珍珠港增加兵力的建议我转达给了罗斯福总统。总统告诉我，说他在华盛顿听到许多水兵的家属在不停地抱怨，担心自己的亲人会被硬挤着塞进战争。因此，总统认为，现在驻守在珍珠港的兵力非常合适。如果再增派兵力的话，会让本来就十分拥挤的战舰变得更加拥挤。现在珍珠港拥挤的士兵就让总统伤透了脑筋，如果再向珍珠港增兵的话，会让珍珠港变得人满为患，并且连立足之地都没有。"

这就是政府间接拒绝增加兵力的借口。这让金梅尔颇感气愤和不安。没过多长时间，金梅尔又向自己的上司发送了第二号密件。密件中，金梅尔对舰队可能会受到攻击表示担心，他列举了各种各样自己所能想象得出的紧急情况，并附上自己兵力所允许采取的应急措施。

此外，金梅尔还在密件中对当前的困境做了分析："现在珍珠港的处境很危险。如果对方是一个负责任的世界强国，那他们当然不会在目前的条件下对珍珠港进行袭击并挑起战争；但如果对方是一个不负责任的强国，那他们就会被战争冲昏头脑，时刻都准备着袭击珍珠港。"

在这封信中，金梅尔更进一步地提出了自己的设想，列举了日本在宣布对美国开战之前会进行哪些出其不意的行动：

一、日军可能会偷袭珍珠港的美国军舰；

二、日军可能会使用潜艇偷袭美国航行在太平洋上的船只；

三、上述两种情况可能会同时发生。

金梅尔还在密件中提出了自己对于防御空袭的看法：集合陆军，用高射炮击落来袭的敌人，这样的方法是最有效率的。

虽然金梅尔在发往白宫的密件中提到了日本有偷袭珍珠港的可能。但是，在他的内心深处，却始终抱有一丝侥幸，他认为在当前

珍珠港内的美军女飞行员（中）

的形势下，日本不可能会先对美国挑起战争的。

2月18日，金梅尔对他的舰队安全再次表示了担心，他在一份报告中强调指出："我现在强烈地感到，日军对珍珠港采取突然袭击的可能性是很大的。对此，我们要加强对珍珠港的防卫措施，以便在遭遇到突然袭击时，将我们所受到的损失降到最低程度……"

金梅尔和肖特一致认为，即使日军真的袭击珍珠港，也会选在珍珠港的舰队出港的时候，因此，他们认为应该将舰队集合在港内，以便随时应对突发状况。只有军舰在港内，才能在日军来袭击的第一时间对他们进行攻击。

金梅尔和肖持之所以这样看，是因为在他们的概念里，太平洋舰队是用于进攻的。一旦真的与日军开战，舰队的主要兵力将急速驶往各战区，并在西太平洋巡航，能够对日本人形成强大威慑。此外，太平洋舰队本身的进攻能力，就是对珍珠港最好的防御。他和肖特的这种看法，在后来的事实中证明完全是错误的。

金梅尔出任太平洋舰队司令以来，为了让有才能的人充分发挥自己的作用，他精选了一批有胆有谋的军官作为参谋，这其中有绰号"薄荷"的史密斯海军上校、与金梅尔性格最为接近的迪兰尼海军上校、深谋远虑的麦克莫里斯海军上校、被称为"美军中最优秀的军官"的墨菲海军中校、头脑敏锐的戴维斯海军中校等。

以上的几位官员，都是金梅尔一手提拔和任用的，这些也是金梅尔的参谋人员中最有代表性的几位军官。由于金梅尔知人善任，

因此他的参谋群体是一个充满智慧、专业性突出、能力出众和个性十足的组合。他们之间彼此的关系非常要好，性格上也能互相补充。此外，这些金梅尔的"左膀右臂"彼此间都互相信任。虽然这些人性格、经历、见解都有许多不同之处，但他们却有一个共同的特点，那就是对金梅尔司令无限忠诚。

任何一个优秀的指挥官在升职之后或多或少都会发生一些变化，金梅尔也是如此。许多人在他的身上也看到了这一变化。过去的时候，金梅尔只是一位刻苦工作的人，而现在几乎对献身于工作着了迷，如果不能说超越，也可说至少是达到了献身与狂热之间的境界。只不过，他不同以往的是，在注重事物外表的同时，也会更多的关注它的内涵。

对待自己的下属，金梅尔一向很严格。对待自己，金梅尔显得更为严格。他希望每个人都能够保持高效率做事，他相信的是结果，而从不相信那些花言巧语的坚定"决心"。有人曾这样评价金梅尔："在所有的海军将领中，很难找出比金梅尔更有觉悟、更努力工作、更爱国和更真诚的人来了，金梅尔对祖国的无限忠诚导致他的官军们对他也无限忠诚。这种忠诚是发自内心并且持久不变的。"

在金梅尔设在舰队总部大楼一层的办公室里，一切都布置得简单有序。办公室的设置体现了金梅尔的个性：面积足有 27.87 平方米的房间，东西摆放错落有致，屋里几乎没有什么家具，装饰也非常朴素，没有一点儿装模作样的奢华。在距房间西北角不远处，有一张普通的办公桌。办公桌上所有的东西都摆放得井井有条。

在太平洋舰队的士兵中流传着这样一种说法：不管什么时候，不管是什么人，一旦走进金梅尔的办公室，都能够闭着眼睛摸到金梅尔摆放的一本书或一支笔。这些都充分反映了金梅尔办事情一丝不苟、严格精细的作风。

在金梅尔担任太平洋舰队司令的几个月来，他对珍珠港的情况进行了深入地了解，对于珍珠港的防卫，他深感焦虑。另外，他第一次对自己的能力表示担忧，金梅尔害怕自己没有实力来完成政府期待他完成的艰巨任务。1941 年 5 月 26 日，金梅尔给美国海军的作战部长斯塔克发去了一封信件，这封信是金梅尔近日来的一系列感受，是一份长达 11 页的备忘录，在这份备忘录中，金梅尔详细地表达了自己的意见和见解。

金梅尔将第一个攻击矛头，刺向"将人员稳定"这一巨大"难题"。在前一段时间，美国航空局由于刚刚成立不久，从各舰抽调了大批经过训练的士兵到新建造的军舰上去服役，并且告知金梅尔，这些所抽调的人员中有大约 72％来自太平洋舰队，28％的人员来自大西洋舰队。这就意味着，美国政府将要从本来就人员缺乏的太平洋舰队再抽去大量兵力。换句话说，华盛顿把太平洋舰队当作了有经验的人员来源。对此，金梅尔表示强烈不满，他在备忘录中写道："除非按照最近调整过的各舰队的相对力量重新调控这些数字。不然的话，强行从太平洋舰队抽掉大批人员，将会让太平

洋舰队失去大量有经验的人员，太平洋战区的防御力量将会严重不足……"

金梅尔的第二个攻击矛头，刺向了"航空力量薄弱"这一问题。在珍珠港上的所有航空力量，都显得非常薄弱，根本就没有足够的能力去进行防御，更不能应对突然到来的战争。这些薄弱的舰队力量，令金梅尔感到非常担忧和不满。在太平洋战区，无论是有经验的飞行员，还是分配到的飞机的数量与质量，它们的武器系统

美国海军航空兵研究作战计划

和配件，都非常落后，这样的武器和装备怎么可能在未来的战争中取得胜利呢？对于这些，金梅尔的备忘录中也做了详细地说明，他希望美国政府向太平洋舰队提供更好的装备。

金梅尔的第三个攻击矛头，刺向"珍珠港内缺乏物资供应"这一问题。虽然从距离上来看，夏威夷离美国本土并不算十分遥远，但是军需的相应物资十分有限。对此，金梅尔在自己的备忘录中写道："现在太平洋战区的物资供应量严重不足，这样的状况至少会从两个方面制约太平洋舰队，一是对大不列颠的援助，二是陆军的迅速扩大。从当前的情况来看，太平洋战区的海军也极有可能会与装备良好的日军进行作战。可是，我们却得不到像英国和陆军那样的关系到战争结局和士兵性命的必需品。要知道，兵马未动，粮草先行，没有足够的物资供应，军队就没有充足的体力和精力去进行战斗……"

金梅尔的第四个攻击矛头，刺向"舰队兵力严重不足"这一问题。现在太平洋舰队在珍珠港的驻军，并不足以保证太平洋战区的安全。金梅尔指出："现在政府经常会借用各种名义，将珍珠港的战舰'借'去使用，这样做的结果会让太平洋舰队的防御实力严重下降。在太平洋地区，我军潜在的敌人离我们很近，他们虎视眈眈，随时会朝我们发起进攻。不管与日军的谈判最终结果如何，我们与日本迟早会有一战。而作为战略要地的珍珠港，政府所分配给我们的舰队十分有限，如果想要保证太平洋战区的安

全，需要在珍珠港配备轻型舰只和航空母舰，只有这样，我们才能取得海上的优势，才能随时准备对付前来捣乱的日本军队。也只有这样，太平洋战区才会变得更加安全。"金梅尔非常清楚海军航空兵的价值，他从不把战列舰作为最终的武器加以依赖。他在备忘录中指出：按目前的作战计划，太平洋舰队在轻型舰和航空母舰方面已经受到了严重地削减，这样对于整个太平洋的安全都是十分不利的。

金梅尔攻击的"四个矛头"，应该说是有一定战略价值的。但是，这些并没有引起美国政府足够的重视。

金梅尔在自己的备忘录中，除了提出"四个矛头"之外，还对当前美国的"国家政策"提出了不满。在备忘录中，金梅尔是这么写的："我们的国家是一个伟大的国家，它的许多政策都是非常具有战略意义的。但是，我发现，我们的国有政策和为贯彻执行它们所制定的一系列外交活动和军事活动，是非常不协调的。今天，任何政策都不会比用来支持它的武力更好。因为，军队才是一个国家具有发言权的最为根本的保证。虽然这一点在原则上被承认，但在实践中明显被忽略了。单就太平洋战区而言，政府将舰队留在夏威夷的目的只是作为一种摆设，起不到任何的威慑作用。但令我感到不解的是，政府又多次派出多艘重巡洋舰前往大西洋……"

随后，根据这些情况，金梅尔又提出了一个解决的方案："希望

美军大西洋舰队司令欧内斯特·约瑟夫·金（中）

政府的外交部门能够明确地告诉军事部门希望产生什么样的效果，军事部门可以根据他们的意见，采用一切办法全力实现。只有这样，我们才能展示充分的力量让敌人对我们产生恐惧。而且，在我看来，一个国家最重要的威慑力量，不是外交手段有多强硬，而是它的军事实力有多强大。"

最后，金梅尔又详细地针对"情报问题"作了阐述。他在备忘录中，观点非常鲜明地说："在许多情况下，我们的直接作战人员经常不能完全明白政府的政策，这不管对于一个在前线作战的指挥官来说，还是对于冲杀在第一线的普通士兵来说，都是不能容忍的。很多政策都有一定的不确定性，如果因此而造成了严重的损失，是谁也不愿意看到的。很多在前线作战的指挥官，有很多时候不能确切地知道自己可用什么样的兵力，并且对严重影响他们执行分配到的任务，没有发言权，这一点令人感到很沮丧。每个人都知道，不管是在外交上，还是在军事活动上，日益复杂且变化莫测的国际形势都能够决定一件事情的成败。对于这一点，政府似乎认识不充分，甚至连军事权威者本身对这些事情都缺乏了解。这样，就会妨碍情报的及时提供。而对于军队来说，情报往往能够成为他们最后成败的决定因素。"

海军作战部长斯塔克在接收到金梅尔的备忘录之后，从头到尾仔细地阅读了一遍。对于金梅尔所提出的这些意见或是建议，斯塔克并没有认真考虑和分析，他只是觉得金梅尔有些杞人忧天，他认为金梅尔的这些担忧是没有道理的。并且，斯塔克还认为金梅尔对全局缺乏深刻的理解。因此，斯塔克觉得应该将太平洋舰队的司令召到华盛顿，当面谈一谈。

于是，斯塔克给金梅尔发去电报，邀请他到华盛顿，与海军部的相关领导面对面地进行一次交流与磋商。收到这封电报，金梅尔非常高兴。他早就希望能够当面见到这些海军的最高领导，与他们进行一次深入地交流。于是，金梅尔决定立即起身赶往华盛顿。

1941年6月13日，海军部长诺克斯设午宴招待海军作战部长斯塔克、大西洋舰队司令欧内斯特·约瑟夫·金以及太平洋舰队司令金梅尔等人。席间，大西洋舰队司令欧内斯特·约瑟夫·金不厌其烦地说着大西洋舰队的情况。过了很长时间，他才意犹未尽地关闭了话匣子。然后，金梅尔向海军部的领导汇报了太平洋舰队的具体情况。他和海军作战部长进行了长时间地详谈，金梅尔说明了自己面临的所有困难，包括他5月26日备忘录的基本内容。

对于金梅尔所谈到的这些问题，海军作战部长斯塔克并没有十分在意，他只是例行公事般的边听边点头，完全没有感受到金梅尔的焦虑与担忧。

此外，金梅尔又向斯塔克重点讲述了珍珠港的薄弱环节。他告诉斯塔克，现在的珍珠港，不管是舰船实力、储油能力，还是防御设施，都非常落后。日本极有可能从空中袭击珍珠港。这是一个令人担忧的现状。如果日本真的对珍珠港发动战争的话，那么珍珠港几乎没有防御能力，只能任他们宰割。还有，珍珠港单一的出入水道使舰船暴露在潜艇攻击之下，存在着被毁灭的危险。金梅尔认真地对斯塔克说："如果真的有一天，珍珠港的太平洋舰队受到任何方式的袭击时，都将会是一场无法挽回的灾难，珍珠港几乎连抵抗的能力都没有。要知道，即使真的遭遇战争，停泊在珍珠港的军舰至

少得需要 3 个小时才能完成出港。这样的情况非常令人担忧。"斯塔克频频地点头，对于金梅尔所说的这些，他没有提出反对，也没有表示赞同。金梅尔最后告诉斯塔克，他在考虑了各种情况之后，认为想要保证珍珠港舰队避免受到危险的唯一方法就是：当战争打响的时候，舰队不在珍珠港内。

金梅尔的这番话，斯塔克虽然并没有完全听进去，但他也隐隐感觉到了珍珠港的确存在不少防御上的薄弱之处。尽管斯塔克对日本是否敢于袭击珍珠港抱有很大的怀疑态度，可为了防止万一，他还是决定让金梅尔去见罗斯福总统，将这些潜在的危险告诉总统。

金梅尔这次华盛顿之行，就是在斯塔克的建议下，约见总统罗斯福并得到了总统的同意。

1941 年 6 月 9 日，罗斯福在白宫接见了金梅尔。这对于金梅尔来说，是求之不得的，也是一种荣誉。可是，在两个人的谈话中，彼此之间思想的交锋却极为短暂，而且次数也非常少。双方的谈话很平和。由于金梅尔的性格是刚直的，他从不迷信总统的权威，对罗斯福也没有过多的个人崇拜。因此，金梅尔对于罗斯福的意见并不是一味地只会回答"是"或"对"。他总是经过思考之后，清晰地表达出自己的观点。而且，金梅尔从来不会未加思考就对罗斯福所提出的意见表示赞同。

罗斯福告诉金梅尔，现在美国政府正在与日本进行着紧张的谈判，目的是寻求一个能够让太平洋长久和平的方法，在谈判中虽

太平洋舰队主力舰"田纳西"号战列舰

然遇到了一点儿麻烦，但仍有可能会达成最终的协议。如果真的能够与日本达成和平的协议，那太平洋就会是一个没有战争的安全区域。对于罗斯福所说的这些话，金梅尔并不赞同，他轻轻地摇了摇头，他认为总统所讲的这些话太低估了日本人。

然后，罗斯福向金梅尔谈到了从太平洋抽调 3 艘战舰的问题，他征求金梅尔的意见，问他再抽调 3 艘战舰对太平洋舰队是否有影响。金梅尔苦笑一声，如实地告诉总统现在太平洋舰队的战舰并不充裕。罗斯福又对金梅尔说："海军部长诺克斯曾经告诉他：'太平洋舰队其实只保留 6 艘战列舰就足够用了，6 艘战列舰足以袭击日本的通信系统，同时足以保卫夏威夷的安全'。"罗斯福接着说道："斯塔克的观点更为离谱，他甚至认为 3 艘战列舰就足以保卫夏威夷，让日本不敢对夏威夷轻举妄动。另外，他还建议从太平洋舰队调出 3 艘战列舰去进行其他的袭击任务。"

听到这里，金梅尔实在是忍不住了，他十分愤怒地嚷道："如果斯塔克真的这样认为的话，他肯定是疯了！"

罗斯福面带微笑，他告诉金梅尔，他也认为斯塔克"疯了"，罗斯福说道："的确，我也觉得斯塔克是发疯了。我认为他的那种说法是非常愚蠢的。并且我直接告诉了诺克斯，你所提的这一想法是非常不切实际的，是一个愚蠢的主意。"

金梅尔愤愤地说："我相信总统的判断力，我也相信，有比我更高级的权威会帮助我解决这些问题。但无论如何，对于太平洋舰队的实力一而再、再而三地进行削减，我个人表示强烈反对，这样做的后果就是告诉日本，让他们放心大胆地来进攻珍珠港。"

"你说得对，我同意你的看法。"罗斯福说。

由于驻守在太平洋的日军联合舰队所拥有的战舰远远多于美军，因此金梅尔向罗斯福提出建议，希望能够再多派出几艘战舰增援太平洋舰队，金梅尔说："如果我们想要保证太平洋的安全，就要想办法加强太平洋舰队的实力。可实际上，我们在太平洋用于进攻作战的能力，本来就不具有优势。随着近期太平洋舰队的战舰被频频调出，进攻和防御力量就更为减弱了，为太平洋舰队增加战舰力量，将有助于太平洋的太平。"但对于这一提议，罗斯福只是微笑着看了金梅尔一眼，并没有表示同意或反对。

金梅尔与罗斯福结束谈话，当他告别总统之后，金梅尔的脑海里形成了这样一种印象：总统没有再向太平洋舰队增派兵力的打算，也没有再从太平洋舰队调出更多战列舰的意图。如果政府能够不再从太平洋舰队抽调军舰，那就足够让金梅尔高兴了。

会见结束后，金梅尔感到前所未有的轻松。虽然没有为太平洋舰队牟取太多的好处，但起码让总统清楚地注意到了珍珠港目前的情况，即薄弱的防御和没有攻击力的进攻。金梅尔觉得自己不虚此行，他非常满意，微笑着离开了白宫。

虽然与罗斯福进行了深入的交流，但金梅尔心中仍然存在着这样的忧虑：可能会在某一天，海军部会再用各种理由抽调太平洋舰

队的军舰，如果真的发生这样的事情，那么太平洋舰队的实力就更为薄弱了。

从美国的军事战略看，一直到日本袭击珍珠港之前，对于珍珠港的防卫并没有引起美国政府和军事当局的重视，珍珠港基本上是一个不设防的港口。作为太平洋舰队司令的金梅尔，只好在这样的困境中"挣扎"着设定防御计划。正是这个不设防的港口，才让日本有了可乘之机，直接导致了美国后来的"后悔莫及"。

★金梅尔

1882 年，金梅尔在美国肯塔基一个偏僻的小镇出生，他是一个很有上进心的人。经过努力学习，他考上了美国海军学校。

在海军学校里，金梅尔学习很用功，他把自己大部分时间都花在学习上，所以，学习成绩很优秀。无论是在船舶驾驶方面，还是在语言文化方面，金梅尔的成绩都很突出。在海军学校里，他养成了让他受用一生的执行力。直到后来的军事生涯，金梅尔还一直保持着高效的执行力。

1933 年，金梅尔获得了许多美国海军军官梦寐以求的一艘战舰指挥权。他当上了"纽约"号战列舰的舰长，他当舰长的那段时间里，工作更加认真，可谓是兢兢业业。没过多久，金梅尔晋升为海军少将。

由于具备战列舰上的服役经历、重要的参谋经历和优秀的炮火射击成绩，没过多久，金梅尔被提拔为海军将军。1938 年 7 月，金梅尔将军又被调到第 7 巡洋舰，担任该巡洋舰的舰队司令。

在金梅尔的带领下，舰船秩序井然，水兵们训练非常刻苦，锚链的升落非常精确。第 7 巡洋舰海上的速度与航线十分准确，信号非常清楚有力，成为当时巡洋舰中的精锐部队。

当然，作为指挥官的金梅尔也有缺点，他很刻板，没有幽默感，缺乏创造性的想象力。但是他做事很认真，对部下要求很严格。

3. 突袭前的实战演习

　　鹿儿岛湾是一座港口狭窄，四面环山，无论是地形还是地貌都与珍珠港极为相似的岛，这是一个天气晴朗的日子，日本联合舰队正在秘密地进行着飞行训练。

　　这次训练是完全为了奇袭珍珠港而特别模拟的，所有战机都要从樱岛半山腰飞过去，再降入甲突川峡谷，以50米的高度在峡谷内穿梭，沿途分外曲折。当飞到海面时却要降至20米，立即发射鱼雷……在这种高度，稍不留神就会一头扎到海里去，机毁人亡。这种训练方法让队员们感到心惊肉跳。但是让这些亲身参加训练的飞行员感到不解的是，他们根本不知道为什么要在作战地形如此复杂的地方搞这种极端危险的魔鬼般训练。位于瓦胡岛上的珍珠港，背山面水，且水面极为狭窄，如果飞机从背面山上下降，面临着林立的高层建筑，一旦到达海面，必须立即对停泊的军舰展开攻击。而日本航空部队的这种类似特技表演的严酷训练就是以适应上述作战地形而进行的。参加这种危险、激烈而高超的战前训练的鱼雷机，数量达100架以上，但是，没有一架发生事故，可见日本航空兵的技术水平是相当高超的。

　　在这疯狂的地狱式训练当中，首先被惊吓到的是鹿儿岛上的岛民，那些突然出现的战斗机几乎擦着他们的屋顶呼啸而过，一架接着一架，强大的冲击力将院子内的一切东西扫得东倒西歪，像是狂风过境一般。

★日本改进鱼雷投放技术

为了用鱼雷袭击停泊在珍珠港的大型军舰，日本进行了鱼雷投射技术训练。用飞机投鱼雷是攻击美军军舰的最好方法。可是珍珠港的水深只有十几米，如果鱼雷从飞机上空投出后就会直接扎入海底，或者直接从目标舰船的底下通过，并无法将目标命中。

为了尽快解决这个问题，日本专家深入研究后发现，如果将鱼雷的运行速度降低，那么鱼雷的水平舵就会发挥作用。但是这样做的话，会减少鱼雷的冲击力，同时降低毁伤程度。如果想在海军作战中，让空投鱼雷这种武器真正发挥作用的话，必须把鱼雷运行深度尽可能降到最低。

这个攻关项目由横须贺的海军鱼雷专家爱甲文雄负责。他用了各种不同的方法，在鹿儿岛做了许多的实验。他和日本海军大佐源田实让飞行员们驾驶轰炸机，携带着改装后的鱼雷，依次在预定水深不足20米处做好标志的鹿儿岛港内发射鱼雷。结果，两枚鱼雷命中目标，只有技术最差的那名飞行员把鱼雷射入了海底。这个实验可以说是很成功。80%的鱼雷在改装之后，都适合在珍珠港内的

浅水中使用。事实上，爱甲文雄是将飞机平衡器做成木头翅膀，安装在鱼雷上，这样，可以大大减轻鱼雷下沉的冲力。

就这样，以珍珠港美国舰队为目标的高强度训练进入了最后阶段。此时的日本海军队员们已经做好了很充分的准备。

4. 单冠湾"集结号"

让山本五十六感到特别高兴的是日军间谍带来了有关珍珠港的情报。1941 年 11 月 13 日下午，山本五十六在山口县岩国航空队召开了最后一次碰头会，各战舰的司令长、参谋长、首席参谋都参加了这次会议。

会上，作为最高指挥官的联合舰队司令山本五十六，发表了一番激动人心的讲话。他在讲话中表示自己会亲自现场指挥，同时也表明了自己对此次战争必胜的决心和信心。最后，山本五十六又说了这样一段话："诸君，帝国的希望都寄托在你们身上了，这次行动不论成功与否，大日本帝国和天皇都会将诸位铭记在心。我热切地盼望你们凯旋归来……要是在我们开战之前，华盛顿那边进行的谈判能够达成一致意见的话，那么，我们即使处于开战的前一天，即使下一秒就要出发，我们也要将部队撤回，返回驻地。"

对于山本五十六最后这段话，有的指挥官明显不理解，他们向司令官询问道："这样的要求，是非常没有道理的。我们耗费了这么大的时间和精力，箭在弦上，岂能有不发的道理呢？""这个要求不合理。""是啊，我军此时已经进入阵地，怎么可能就此停止作战行动呢？""这将让我军陷入被动挨打的局面。"山本五十六听了这些

话，十分严厉地指责道："任何一个国家的军队，其最实在、最根本的目的，是为了维护和平。没有人喜欢真正的打仗。如果我刚才所说的话，哪位指挥官不能执行的话，请他现在就提出辞呈！"

会场上顿时一片寂静，各舰队与会的众指挥官坐在那里，都低下头去，一言不发。当时，联合舰队的宇垣曾经在自己的日记里记录了这一时刻，他这样写道："山本司令所讲的话真是妙不可言，这番言辞充分体现了山本五十六司令官在出发前内心的真实状态。"

"很好，诸位都是大日本帝国的骄傲，都知道誓死服从、效忠天皇的指示。"山本五十六在这里停顿了一下，接着说道，"另外，

鹿儿岛远景

"96"式鱼雷机

我要求准备参加偷袭珍珠港的所有舰艇，都必须卸下与作战无直接关系的东西，如易燃物品、个人物品等。"

会议结束后，各舰队的长官都写下了自己的希望和表达了自己的决心。接下来，大家一起返回三口县岩国深川饭店，并在那里设宴招待参加会议的人。宴会上，众人再一次表达了决心，发誓与美国决一死战，即使血染沙场，也在所不辞。这样悲壮的场面，让山本五十六感动不已，他默默地祈祷着日本舰队的命运。

同时，为了掩人耳目，山本五十六还指示所属部队在鹿儿岛制造仍有大批飞机在训练的假象，如若400多架飞机本来在不分昼夜的进行飞行训练，突然消失的话，必然逃不过地方间谍机关的耳目。所以，原驻扎在九州的第12航空队部分飞机到来之后，不断发布假信号和通报，以防敌人窃听。11月16日，突击编队代号为

"木户部队"，向单冠湾开始集结，各舰队实行严格的无线电静默，取不同航线，以不规则的时间间隔，分批驶向单冠湾。

1941 年 11 月 19 日，日本特别攻击队的 5 艘潜艇，正沿着四国和九州之间的丰后水道悄悄南下，向着珍珠港附近指定的地点进发了。

为了使行动更为隐秘，攻击珍珠港的部队将出发时间和出发日期打乱，分批次向集结地点一一进发。日军的"加贺"号航空母舰收到了新近研制成功的浅水鱼雷后，也驶出佐世保港。1941 年 11 月 18 日，"赤城"号航空母舰、第 2 航空战队的"苍龙"号航空母舰和"飞龙"号航空母舰、第 8 战队的"利根"号重巡洋舰和"筑摩"号重巡洋舰也分别离开了所在地佐伯湾，向位于千岛群岛的集结地驶去。此后，其他船舰也一艘艘驶出港口，有的沿海岸行驶，有的在离海岸线 100 海里开外的海面上行驶。1941 年 11 月 19 日，第 5 航空战队的"翔鹤"号航空母舰和"瑞鹤"号航空母舰悄无声息地驶离了海港。

夜深人静时，"赤城"号航空母舰也开动了，幽灵般地驶向大海。

正当所有参加珍珠港海战的舰艇陆陆续续地向单冠湾集结时，日本军令部给联合舰队发去一份作战密电，这份密电的暗语是"攀登富士山"。根据这份电报的指示，日本的机动作战部队决定于 1941 年 11 月 26 日从单冠湾出击，开始进攻夏威夷。但是，这份电报附有一个附加条件，即：根据国际形势的变化，如果日本与美国之间的谈判能够取得成功，那作战部队要立即返回驻地。

另外，在野村吉三郎将日本"最后的方案"提交给赫尔的时候，日本政府又给他发送了一份名为"风向暗号"的电报，这份电报暗示野村吉三郎，如果美日开战，电报接收系统遭到破坏的时候，可以收听东京电台每日向海外广播的"天气预报"。

这种"天气预报"也给美国带来了强烈的预示，即日本已经做好了同美国、英国、苏联断绝外交的准备。例如：暗语"东风，有雨"，暗示日美之间的关系发生了危险；暗语"西风，晴"，暗示日英之间的关系发生了危险；暗语"北风，阴"，则显示了日苏之间的关系发生了危险。

11 月 28 日，美国将这份秘密电报破译了，在这之后，美国的破译部门格外留意日本的"天气预报"。

自从日本驻美大使馆接收到政府发送的"天气预报"之后，便得知日美之间的气氛将会变得越来越紧张，他们也都做好了各种周密的准备。

针对这种情况，美国方面也做出了反应，他们想尽量拖延时间，做好最严密地准备。因此，美国给日本提出了一系列较为"优惠"的条件：

一、即日起向日本供应少量的石油和大米，上述物资的供应量以后会慢慢增加；

"加贺"号航空母舰

二、美国出面调停，以促使中国政府与日本之间就当前问题进行会谈；

三、日本应保证不再武力扩张，即使美国真的参加欧洲战争，日本也不要对美宣战。

条件固然诱人，但是美国的赫尔国务卿担心，如果日本不"上当"，又招致英国、中国等同盟国的误会，那美国可就得不偿失了。因此，赫尔在公布这些对日"优惠"之前，召集英国、中国、荷兰等国的代表进行了商讨，并告诉他们美国这么做的目的，即最大限度地拖延时间，以便做好更加周密详细的准备。

1941 年 11 月 23 日，由日军南云忠一率领的 30 艘军舰，在北方渔港湾——单冠湾集结完毕。单冠湾是一个荒无人烟的小港，极为隐蔽。

千岛群岛中的国后岛位于南北狭长的日本列岛的北端，同北海道东面的根室相隔一条海峡。这些岛屿经常笼罩在浓雾之中，因此被俄国人称为"烟雾列岛"。这些岛屿由无数小岛组成，所以被日本人称为"千岛群岛"。千岛群岛每到 11 月就开始下雪了，冬天来得特别早，整个岛上覆着白茫茫的雪，一片寂静。千岛群岛中最大的岛屿择捉岛位于北侧国后水道的对面，它形状狭长，从东北向西南延伸，东西全长大约 203 公里。而在该岛东岸中部，有一座常年被雾气笼罩的港湾，叫单冠湾。这里有两个渔港，由于平时只在渔汛季节渔船才到这里集中和分散，渔港又很小，它同北海道之间有

"赤城"号航空母舰，其下方为"长门"号战列舰

时也有定期来往的船只，但除了给岛上居民运送粮食等物品外，就没有别的来客了。因此，几乎无人知道这两个渔港的名字，露在外面的渔港叫年萌港，靠里面的渔港叫天宁港。单冠湾只不过是日本北方的一个荒凉的港口而已。在这个荒凉的海港，舰队不断增加，这对于海港的居民来说，是一件从未见过的事情。岛上的居民一大早起来，准备去屋顶扫扫积雪的时候，一出门，眼前的景象让他们大吃一惊。在这 30 艘战舰之中，居然藏着战斗力极强的航空母舰。惊呆的岛民回过神来忍不住大喊大叫起来："不得了了，

快出来看看呀！"

更多的岛民闻声也匆匆跑出门外，一边打着哆嗦一边穿上厚厚的外衣。

"是不是出什么事了？"

"要打仗了吧！"

"不是打仗，是一次演习吧。"

岛上的一名少年登上小山坡数了一数，大小舰艇共约 30 艘，其中还有只是听说而未曾见过的战列舰和航空母舰。正在岛民们纷纷议论时，第 2 潜艇队的 3 艘潜艇最后于 11 月 23 日下午 13 时 30 分驶入港内，至此，由南云忠一率领的以 6 艘航空母舰为基干的大约 30 艘军舰全部抵达，集结完毕。

机动部队集结在单冠湾的舰艇计有："苍龙"号航空母舰、"飞龙"号航空母舰、"翔鹤"号航空母舰、"瑞鹤"号航空母舰、"赤城"号航空母舰、"加贺"号航空母舰；"雾岛"号战列舰、"比睿号"号战列舰；"利根"号重型巡洋舰、"筑摩"号重型巡洋舰；"阿武威"号轻型巡洋舰；"谷风"号驱逐舰、"浦风"号驱逐舰、"滨风"号驱逐舰、"矶风"号驱逐舰、"不知火"号驱逐舰、"霞"号驱逐舰、"霰"号驱逐舰、"阳炎"号驱逐舰、"秋云"号驱逐舰；伊 –19 潜艇、伊 –21 潜艇、伊 –23 潜艇；"极东丸"号加油舰、"健洋丸"号加油舰、"国洋丸"号加油舰、"神国丸"号加油舰、"东邦丸"号加油舰、"东荣丸"号加油舰、"日本丸"号加油舰。共计

演习中的日军战舰和战机

30艘战舰，另外还有加油舰7艘。此外，根据军令部要求，为加强戒备而从大凑警备府派来的"国后"号海防舰和补给船只也都进入了停泊地区。这些气势磅礴的战舰，随时等待着出发，准备着完成自己的使命。

突然进来这么多的船只，使得岛上居民惶恐不安，让他们感到恐惧的是，随着舰队的驻入，从11月20日起以演习为名切断了择捉岛与岛外的联系，包括岛上的交通和一切对外的通讯。这种切断与外界一切联系的举动，一直持续到12月8日进攻珍珠港的那天。更有甚者，在机动部队隐蔽在该港期间，大量警备府的军舰和飞机也一直在岛的周围和东部海面上进行戒备。这些只是日本海军为了保守作战意图，乘敌不备而发动攻击所采取的一部分措施。

11月23日，南云忠一在当地举行了祭拜仪式，之后他在上午9时召集了各级指挥官、参谋人员和驱逐舰舰长在"赤城"号航空母舰上发表训话，并下达第一号、第二号和第三号作战命令。在这次会议上，大家一起商量了有关作战事宜，又对原计划的各点反复推敲，一直商议到下午16时。这也是南云忠一第一次向全体指挥官和参谋们透露了此次进攻的目标——珍珠港！不说各个指挥官和参谋们心情激动，在这一天，各舰也分别向机动部队的船员传达了空袭珍珠港的作战计划，经过几个月艰苦训练却一直蒙在鼓里的作战人员这才恍然大悟，尤其是飞行人员，当他们得知平时艰苦而奇怪的训练竟是为了奇袭珍珠港时，他们都狂热地叫了起来。

夏威夷瓦胡岛岸边的日本潜艇

第二天即24日，机动部队指挥官南云忠一又召集飞行员在"赤城"号航空母舰上训话，对他们提出了进一步的要求和勉励，在整个航行过程中，几乎每天突袭计划都在细节上进行修正，很多高级军官甚至晚上都是和衣而睡，片刻不离作战舱室，抓紧时间对突袭计划进行一遍又一遍地研究。

日本军令部铃木英刚从夏威夷实地视察回来。随"比睿"号战列舰到达单冠湾，铃木英在瓦胡岛的模型面前对整个珍珠港的情况作了说明。这具被放置在"赤城"号航空母舰上的模型，是以前专为机组人员训练而制作的。

"第一，美国太平洋舰队的舰艇每逢星期一出港，最迟星期六回港，仍然按照以前的方式进行训练；第二，大型舰艇的停泊地区都在瓦胡岛附近，战列舰成双并排靠在一起，内侧的战列舰必须用飞机空炸，外侧的战列舰必须用鱼雷攻击；第三，关于航空母舰的具体位置不明，但在夏威夷水域附近已确定有 2 至 3 艘航空母舰；第四，珍珠港港口设有敷设水雷，其四周有完备的防潜艇网装备；第五，飞行训练除了星期六下午和星期日外都十分活跃；第六，好像没有出动飞机进行大规模的空中巡逻；第七，11月 7 日，在希卡姆航空基地大飞机库上空发现两只直径为 4.5 米的

"雾岛"号战列舰

黄色圆形气球和一只深绿色的固定气球，除此之外，没有看到有阻塞气球；第八，瓦胡岛早晨群山之巅多半为云层覆盖，中午以前天气常常十分晴朗，但下午有一点儿残云。附近气象情况是少雨，所以飞行方面没有困难。以上这八点，就是我对珍珠港情况的说明。"

铃木英行了个标准的军礼，发言完毕。飞行员们根据他提供的消息，对珍珠港的军舰做了分析，又改动了一些原定计划，他们在会场热烈的气氛下讨论着如何能更好地击中美国军舰，会场不时传来一阵又一阵的笑声。

此时，日本航空母舰上的零式飞机都整装待命，甚至螺旋桨都随时转到启动位置，为了让飞行员在必要时能一跃而入，座舱罩已经全部打开，保持着高度的警戒状态。飞行员们也常常集中在飞行甲板上，要么切磋技艺，要么凝视远处海拔 1680 米高的单冠山，白雪皑皑，银装素裹，山风呼啸，而他们根本不害怕寒冷，他们就像山上的鹰鹫，在一望无际的飞行甲板上迎风傲立，气势冲天地等待大显身手的机会。

就在日本调兵遣将、磨刀霍霍、紧锣密鼓地进行战备的时候，美国赫尔国务卿接见了野村吉三郎和来栖三郎两位大使，想通过谈话，摸清日本方面是否有可能做出让步。

但是，日本这两位大使并没有透露一点儿这方面的信息，而美国截获到的其他情报也令赫尔大失所望。他知道，即使此刻美国政

"赤城"号航空母舰

府在某些原则问题上作出让步，也不会有多大的效果了。

1941 年 11 月 22 日，美国破译了一封据说是日本政府东乡茂德外相发给野村吉三郎和来栖三郎的电报，电报上称：希望竭力贯彻既定方针，对实现我方所希望的解决办法全力以赴，我们有着种种你们猜测不到的理由，要求你们在 25 日以前解决美日关系问题，假如得以实现，完成互换必要的备忘录并于 29 日签字，取得英国和荷兰的谅解，我们决定等到那一天。这次我们真的已经下定决心，这个期限不会再变更，过了这个期限的话，事情就会自动爆发。总之，如果在 29 日之前不能与美国达成协议的话，日本将彻底改变策略，终止谈判。以上情况仅限两位大使知道，希望你们了解这一点之后，能够加倍努力。

1941 年 11 月 24 日，美国又破译了日本一封电报，这封电报称：11 月 29 日这个最后的期限以东京时间为准。赫尔直觉到"这是悬挂在我们头顶上的达摩克利斯之剑，而且附有定时装置"。

根据这两份被破译的电报，赫尔已经完全领悟了日本政府的战争决心，他知道事态的严重性，便立即将截获的密电抄报罗斯福总统。此时，罗斯福和赫尔更加清楚了日本政府内心的想法，意识到战争有可能会爆发，但罗斯福仍然指示赫尔必须尽力进行和谈。所以，赫尔为了争取更多的时间，也试图在谈判破裂之前作出最后的努力。

可是，当 11 月 22 日，赫尔看到野村吉三郎和来栖三郎满面笑容、一副得意洋洋的神态后，他知道，谈判可能真的要就此终止了。因为这两位外交官表面上笑容满面、态度谦恭、十分亲热的样子，实际上一眼便能看出他们在撒谎。赫尔在事后回忆起这次会谈的情景时说："通过截获的电报，我已事先知道了日本的险恶阴谋，并且知道他们已收到同样内容的情报，所以我很难顺着他们的意思谈下去，因为我实在太气愤了。两人行礼后便恭恭敬敬地坐下来，野村吉三郎不时地发出笑声，来栖三郎有时也笑得露出牙齿，合不拢嘴。他们此时心里一定在翻来覆去地想：如果美国不答应日本的要求，那么日本政府在几天之内就会发动新的侵略战争，而这迟早会给美国带来战争。"

在这充满危机的时刻，美国总统罗斯福在当天晚上致电英国首相丘吉尔，电报最后有这样几句话："我对当前的形势并不抱什么希望。我们必须对付一场货真价实的战争。也许近日内就会爆发战争。"这几句话是罗斯福总统亲自在赫尔起草的电文中加进去的。

由此可以看出，美国对谈判已经不抱任何希望了，并且对日本即将发动的战争，有了强烈的预感。

1941 年 11 月 25 日，美国白宫召开了只有 6 个人参加的最高军事会议，这次会议的参加者是：总统罗斯福、国务卿赫尔、陆军部部长史汀生、海军部部长诺克斯、陆军参谋总长马歇尔和海军作战部部长斯塔克。会议主要讨论的内容是如何面对来自日本的紧迫压力和当前所面对的危急时刻。

　　首先，国务卿赫尔针对当前日美的紧张关系作了发言，他说："同日本达成协议的希望几乎为零。原先以为还能继续进行的日美会谈，现在业已绝望了。日本随时都有可能用武力对我们进行突然袭击。保卫我们国家的安全本来属于陆海军所主管的事。但是在这里，我还是想不客气地建议几位军事首脑，日本很有可能会对我们进行突然袭击，他们还有可能同时在几个地方一起发动战争。"

　　接着，罗斯福总统面色凝重地指出："我们都应该知道，日本人素以不宣而战臭名昭著，因此美国有可能在12月1日前后遭到他

日本"苍龙"号和"飞龙"号航空母舰（油画）

们的攻击。"

陆军部长史汀生则认为，当前最主要的问题就是要美国在不太危险的情况下迫使日本先放第一枪，这是一个难题。

经过讨论，大家一致决定，美国要加强作战准备，随时等待即将到来的战争。

最高军事会议一直开到下午 13 时 30 分，才最终结束。散会后，陆军部长史汀生刚回到办公室，就收到了陆军情报部送来的一份重要电报，电报的内容是：日本陆军的大批部队正从上海乘船南下，前往台湾南部。

看到这份情报，史汀生没敢耽搁，当即打电话把这一情报报告了罗斯福和赫尔。

史汀生打电话向罗斯福总统和国务卿报告这一电报的时间是 1941 年 11 月 25 日下午 16 时 30 分，而这个时间恰好与日军的舰队从单冠湾向珍珠港出发的时间相同。

罗斯福得知这个情报后大为气愤，他说："这个情报说明，日本政府一面想和我们就从中国全面撤兵问题进行谈判，另一面又把从中国撤出来的兵力派往法属印度支那。日本如此的背信弃义，实在是令人愤慨。"

在最高军事会议结束后，海军作战部部长斯塔克心情沉重，因为日美即使开战，最主要的也是海上战争，海军担负的责任重大。斯塔克给太平洋舰队司令金梅尔写去一封信，在信中对于日本即将

要采取的行动做了这样的估计：

在今天的会议上，总统和国务卿对太平洋的严峻形势都表示了密切关注，他们也都对日军随时采取的突然袭击不感到惊讶。

对此，有人认为，日本有可能进攻菲律宾，而我也认为这种可能性非常大。我认为，日本极有可能会向泰国、法属印度支那和缅甸三个方面采取行动。

如此一来，美国的注意力完全集中在了南方。就在这次会议结束后4小时——东京时间1941年11月26日清晨6时半，南云忠一指挥的庞大日本舰队，正从单冠湾启航，直扑珍珠港而来。这是美国人做梦也没有想到的。

这是一支将要离弦的箭！

★山本五十六在战前训话

1941年11月17日，下午15时，山本五十六和随行人员登上特混舰队的旗舰"赤城"号航空母舰给即将袭击珍珠港的将士们整了一下军容，同时发表了战前激情澎湃的训话。

听完山本五十六的训话，出征的每一个日本将士个个热血沸腾，下定决心，同时牢牢地铭记山本五十六的指示，忠贞不渝，就算牺牲自己也不往后退。

训话完毕后，山本五十六走到珍珠港指挥官源田实面前，他用一种信赖和期许的目光注视着源田实，而源田实报以坚定和必胜的眼神。山本五十六紧紧地握着源田实的手，什么话也没说。此时，在海官俱乐部的一间房间里，接受山本五十六指示的有马正在给出征前的特种潜艇特别攻击队的干部开最后一击的一个特别会议。在这次特别会议上，有马告诉特别攻击队指挥官佐佐半九，特种艇队的主要任务是营救士兵，必须将这个工作做好，保证万无一失。接到指示的佐佐半九当即表达了决心，自己一定不辱使命。

　　这次战前总动员，无疑大大地提高了日本海军的战前士气。

第四章

神奇电令

★ 在源田实总指挥官驾驶的那架飞机领航下，第一批进行攻击的 183
架飞机从 6 艘航空母舰上连续不断地飞向天空。飞机在舰队的上空盘
旋了一个大圈子，于 1 时 45 分，掠过"赤城"号航空母舰，径直朝
着瓦胡岛方向飞去。

★ 在珍珠港被袭击之前，美国虽然一直在加强太平洋的军事防御力量，
但高傲的美国政府一直认为，日本军国主义分子虽然很嚣张，但是无
论如何他们也不敢进攻美国。美国这种分析，是由对日本民族心理、
经济状况和军事力量对比的严重误解而产生的。正是美国政府的自大
和麻痹的思想，导致了美军的舰队也没有任何紧张的防卫。

★ 这时展现在金梅尔眼前的是一幅美国太平洋舰队将要覆没的悲惨景
象。他站在那里一动不动，定睛注视着珍珠港所出现的那种像噩梦一
样难以置信的现实情景。

1. 突袭正式开始

1941年11月26日早晨，日本"赤城"号航空母舰旗舰升起了信号旗，各舰艇的航海士兵都开始起锚，准备出港。

此时，南云忠一指挥官率领日本海军史上最强大的舰队迎着单冠岛上空飞舞的雪花出发了，踏上远征之途。这是一次无人知晓、更无人送行的秘密出击，"赤城"号航空母舰悄然驶出海港，驶向了远方。

舰尾上的国旗正在太平洋刺骨的寒风中奋力飘动，这是一支肩负国家的命运的舰队，它以6艘航空母舰为中心组成了最具攻击性的阵容，迎着汹涌的波涛径直向东行驶。航行的主要目标是珍珠港美国太平洋舰队。此时，这支战舰停止了一切无线电发报，他们正在聚精会神地收听着东京的广播。现在，他们还不能进行攻击，因为山本五十六司令曾作过指示："如果日本与美国之间的谈判能够达成协议，机动部队将立即返回原地待命。"

此刻，日本联合舰队已经做好了最后的准备，前哨船队已经慢慢地接近夏威夷，站在船上的日军甚至能够清楚地听到夏威夷岛上美国电台广播的声音。这些日本士兵异常兴奋，他们一方面感觉情况对日本是有利的，对于美国是危急的，一方面怀着兴奋

"赤城"号甲板上，一架日军侦察机做好起飞前的准备

的心情继续向珍珠港进发。这些士兵们比他们的联合舰队司令官山本五十六更渴望战争，他们在默默地计算着，盼望着战争的早日到来。

12月2日17时30分，机动部队收到了山本五十六以密码电报发来的命令：联合舰队作战电令第10号"niitakayamanobore——1208"（攀登新高山1208）。这是一份密码电报，意思是"按原计划12月8日发起攻击"。

1941年12月5日，天气非常好，海面上风平浪静，似乎在预示着一场暴风雨即将到来。天亮后不久，日军机动部队接到了一封秘密情报：珍珠港附近的具体情况不明，目前没有发现任何可疑迹象。美国舰队时常在帕尔米拉、约翰斯顿与中途岛等地巡逻和往返飞行。对于美国舰队而言，似乎并没有任何在海上巡逻飞行的迹象。这样的情况对于日本的机动部队来说，是一件非常有利的事情，也是他们求之不得的。在日本舰队的 6 艘航空母舰上，机械师们正在进行着紧张的工作，他们一有时间就开始仔细检查自己心爱的飞机，给发动机上润滑油，以保持它们的高效运转。

这一天，那些奉命袭击珍珠港的日本空中部队进行了最后一次预演。这次预演由山口多闻任总指挥。

山口多闻

预演开始之前，山口多闻发表了讲话，告诉这些参加预演的飞行员，让他们把这次预演当成一种锻炼。另外，山口多闻命令捕本和江草两个老练的飞行队长担任指挥官。然后，山口多闻发表了简短的讲话：

"将士们，今天是你们袭击珍珠港之前的最后一次预演，希望大家都能够认真对待这件事，发挥出自己最出色的水平来。"接着，山口多闻宣布预演开始。

由于这次演习离最后的进攻日期只有 3 天的时间，因此，这些飞行员们谁也不敢怠慢，都一丝不苟地按规定动作进行着。他们都在预演中投入了百分之百的精力，每一个动作，每一个细节，他们都力求做到完美。从这次预演中，可以看到飞行员们对战斗的渴望和对"敌人"的痛恨。他们全神贯注地驾驶着自己的战斗机，向"敌人"发动着猛烈的"进攻"，不敢有一丝一毫的懈怠。

山口多闻站在远处，目不转睛地看着飞行员们的预演，飞行员娴熟的驾驶技巧和奋不顾身的战斗精神让山口多闻倍感欣慰，他不由得微笑起来。这时，一阵海风拂过，夹带着一丝清爽的凉意。日本预演练习在一片欢乐声中结束了。这些人都对袭击珍珠港充满自信，他们一点儿也没有担心过自己"明天"的命运。

1941 年 12 月 6 日，天气比前一天变坏了许多，虽然海面上依然风平浪静，但空中飘着的乌云，似乎告诉人们，一场风暴即将来临。而这对于正在秘密航行中的机动部队来说，简直是十分难得的好机会。

1941 年 12 月 7 日上午，日军的机动部队继续向前进发，马上就要进入美军的飞行巡逻圈了，他们不由得高度警惕起来。第 2 补给队熟练地给第 8 战队的巡洋舰和警备队的驱逐舰补给了足够的燃

料。在完成补给燃料的紧张且重要的任务之后，第二补给队的指挥官新美和贵便让自己的队员挂起了"祝你们凯旋"的信号旗，祝愿机动部队能够获得开门红，取得战争之外的胜利。之后，第二补给队又在"霞"号驱逐舰的护航下，掉转航向朝西驶去。

日本的机动部队即将突破美军的飞行巡逻圈，径直向决战的战场驶去，他们要进行一场人类历史上少有的战争。从单冠湾出发已有 10 天了，在这段时间里，机动部队为了最大限度地节约燃料和淡水，队员们都少喝水、不洗澡。

1941 年 12 月 7 日晚，舰上大小官兵接到通知，今天允许大家洗一个澡，以便能够干干净净、痛痛快快地上战场杀敌。此外，各舰艇还分别举行了规模较小的宴会，预祝战斗成功。在每一艘航空母舰上，飞行员们也在参加决战之前同精心保养飞机和武器的机械师、报务员以及自己的朋友们最后聚在一起，举行着告别宴会。

在这个最后的晚宴上，每一个参加战斗的日本飞行员都彼此敬酒，他们一杯又一杯地将酒倒进嘴里。他们想到明天就要到来的战争，忽然有了一种生离死别的感觉。虽然这些人将为国捐躯当成最高的荣誉，但是，当这一天真正到来的时候，他们的心中还是有一种莫名的恐惧泛起。于是，这些即将参加战斗的飞行员们又拼命地敬起酒来。

"Z"字旗在空中飘扬，这支蓄势待发的箭，即将离弦了！

1941 年 12 月 8 日，攻击夏威夷的日本航空队总指挥官渊田美津雄穿着飞行服，向南云忠一指挥官挥手告别，他用饱满的情绪说了这样的话："司令，有什么指示。如果没什么指示的话，我就开始出发了。"

南云忠一用鼓励的目光看着渊田美津雄，欠了一下身子说："出发吧！一切就看你的！不要给敌人留情，狠狠地轰炸他们。"说完，南云忠一走上前去，紧紧地握住了渊田美津雄的手。

待命出发前，待命室里挤满了即将出发的飞行员，这些人在待

日军航母上，飞机引擎启动，随时准备起飞

渊田美津雄

命室里暗淡的灯光下，默默地为自己祈福，那些无法挤入室内的飞行员也都簇拥在门外，以致室外的过道也拥挤不堪。此刻，待命室正面的一块黑板上已标出命令："赤城"号航空母舰，凌晨一时半的所在位置——离瓦胡岛正北 230 海里。这个时候，舰长长谷川喜一从舰桥上走下来，渊田美津雄当即喊了一声口令："立正！"并向长谷川行了一个军礼。舰长用简短有力的声音下达了命令："按照上级指示，出发！"听到这个命令后，飞行员们纷纷走出待命室，跑着向自己的飞机奔去。

在第 2 航空战队旗舰"苍龙"号航空母舰上，所有的飞行员都整齐地站在靠近舰桥的飞行甲板上。舰队的舰长柳本柳作和司令官山口多闻正在对即将踏上征途以完成划时代壮举的飞行员们做最后的鼓励。他们并没有说太多的话，只是不断重复着一句"祝你们成功"。

随后，接到命令的飞行员们都纷纷登上机舱。他们在出发之前，都静静地闭上了眼睛，深深地呼吸着，并默默地祈祷着：希望这次能够胜利完成任务，平平安安归来。接着，他们又在暗暗嘱咐自己：不管遇到什么情况，也不管发生什么危险，都要保持冷静，不能慌乱。

"发动引擎！"指挥官发出命令。

在凌晨 1 时 20 分的时候，东方的天空即将泛白，日本所有的航空母舰一齐掉转头来逆风驶去。这时，平静的太平洋上刮起了风速为每秒 13 米的偏东风。每艘战舰主桅杆上的那面"Z"字信号旗和战斗旗一起迎风飘扬。

"起飞！"指挥官再次发出命令。紧接着，指挥所里指示起飞的信号灯在空中划出一个罪恶的弧形。

战斗机开始起飞了。时间是 1941 年 12 月 8 日凌晨 1 时 30 分。

就这样，第一批进行攻击的 183 架飞机从 6 艘航空母舰上连续不断地飞向天空。它们带着日本军国主义分子罪恶的使命冲向了珍珠港。在源田实总指挥官驾驶的那架飞机领航下，第一批攻击队的机群便在舰队的上空盘旋了一个大圈子，于 1 时 45 分，掠过"赤城"号航空母舰，径直朝着瓦胡岛方向飞去。

过了不久，天空开始渐渐发亮了。躲在机翼下的那片黑色的云彩也渐渐变成了白色，朦胧的天空随之呈现出一片亮光。接着，一轮朝阳从东方地平线上缓缓地升了起来，洒出万道金光，照射着雪白的云海，周围呈现出一片金黄色的朝霞。

此时，美国有 18 架机翼上面涂有星条标志的俯冲轰炸机也正

好同时在 200 海里外的美军"企业"号航空母舰上起飞，朝着珍珠港方向飞去。

日本机动部队上的官兵们是怀着必胜的信念欢送队员们出发的，而美国航空母舰上的人员却以充满妒忌的心理送走那些比自己先一步返回夏威夷的飞行员们。

本来，美军最初的方案是预定"企业"号航空母舰将 12 架加强威克岛防御的海军战斗机运送到岛上后，就在夏威夷时间 7 时 30 分的时候驶进珍珠港航线，并于 8 时前停靠到港内抛锚处。但从威克岛返航途中，"企业"号航空母舰遭遇到了非常恶劣的天气，因此，耽误了"企业"号航空母舰返航的时间，这样导致了它不能按照预定的时间返回珍珠港。对此，"企业"号航空母舰上的司令员哈尔西大动肝火。

日本的第一批攻击队，最初进攻的时间是在早晨 7 时 55 分，这样算来，如果美国的"企业"号航空母舰能够按预定计划返航的话，就会遭遇与珍珠港上其他所有美国军舰同样的命运——被击沉在珍珠港内 12 米深的浅海之中。多亏当时突如其来的恶劣的气候，才使美国"企业"号航空母舰免遭灭顶之灾。

东京时间 12 月 8 日凌晨 2 时 45 分，日本方面由岛崎重和指挥的第二批攻击队的 166 架飞机再次从日本的航空母舰上起飞了。机动部队还一直担心会发生意外情况，一直到攻击队的全部飞机都起飞之后，他们才安下心来。正如塔内大石保在他的日记中所写的那

"企业"号航空母舰的舰桥

样:"终于,在今天的这个时候,半个月来的呕心沥血总算没有白费,即将迎来出头之日了。"在即将成功的时刻,每名日本军人的心情都是紧张的,他们不敢有丝毫懈怠,飞机已经在珍珠港的上空开始战斗了。

★日军战前的心态

为了让自己熟练的驾驶技巧得到良好的发挥,飞行员们自己在做着不同的训练,有的在自己的机库里玩弄着自己飞机上的操纵杆;有的则在甲板上一面做体操让自己放松,一面大口地呼吸着海上的新鲜空气。许多机组人员在第1航空战队的"加贺"号航空母舰的机库甲板上正在玩着"猜谜比赛"。一位士兵将藏在身边的美军战舰模型拿出来,在大家面前展示着,然后又让大家猜测这些战舰的名字,接着,他还给大家展示了自己收藏的航空母舰的剪影。日本机库甲板上响起一阵欢笑声,仿佛他们早已有了必然获胜的预示似的。第2航空战队的旗舰"苍龙"号航空母舰甲板上挂着一幅珍珠港的巨幅地图。飞行员们在这里玩捉迷藏游戏。

舰队上的这些日本官兵,他们尽可能地享受着开战前的这段宝贵时光。他们每个人心里也清楚地知道,战争一旦打响,谁能够活下来,还是一个未知数。既然这样,在开战前的这几天里,应该抓紧时间尽情享乐。当这些短暂的欢乐过后,就到了他们真正为帝国拼命的时候了。这些在军国主义教育中培养的一代日本官兵,对于为国尽忠都充满渴望。在他们的心中，战死也是一种至高无上的荣誉。谁万一真的享受到了这种"荣誉"，不但不是件倒霉的事情，反而是一种荣幸。

2. 被忽略的预兆

日本决定先发制人主动开战的消息，美国通过分析各种情报早已知道，并不是麻木不仁。

根据美国情报部截获的材料，11 月 25 日，罗斯福总统在白宫召集史汀生陆军部长、斯塔克海军军令部长、马歇尔参谋总长、赫尔国务卿开会。罗斯福说："下星期一，也就是 12 月 1 日左右我们国家最危险，日本惯用奇袭伎俩，需要加紧研究对策。"他向出席者征求意见，史汀生说："总统已经在大西洋会议后向日本提出最后警告，如果日本侵占泰国，正式声明日本无视警告就可以给予还击了。"赫尔等人也提出了不能消极等着挨打的意见。

反复讨论的结果是大家一致认为，美国一定要考虑不冒太大的危险，一定要让日本首先发动攻击。按战争常规，先发制人是必要的，不过美国不能那样做，因为国内舆论还不一致，一定要使全国人民同仇敌忾。虽然明知被动挨打是很不利的，但也不能先发第一枪。

当时，希特勒最害怕美国参战，他向德国海军下达最严格的命令：任何德国潜艇都不许在大西洋攻击美国舰队。希特勒认为摧毁苏联，最后制服英国，必须有一个"条件"，就是美国不要介入。

美国舆论界也看透了这一点，当时很多美国人主张坚持中立态度，所以美国只能在遭到侵犯以后才能参战，主动参战只能引起国内政治上和道德上的分裂，这是美国没有积极准备作战的主要原因。

11月25日，会议开完后，史汀生回到陆军部的时候，已经接到情报，说日本陆军分乘数十艘运输船正在南下，他以为陆军是去占领泰国，而没有料到日本海军会偷袭珍珠港。

1941年12月6日深夜，海军方面负责"魔术情报"的情报科主任克雷默少校带着刚刚破译的部分机密文件来到了白宫。

当克雷默站在白宫门口按动电铃时，当时的时间已经是晚上21时30分。此时，去海军情报局局长威尔金逊家里参加晚宴的总统的海军副官比亚多尔上校还没有回来，克雷默便将这份文件交给了比亚多尔上校的助理休尔兹上尉，然后，又匆匆地离开了，继续将情报交给海军方面的其他负责人。

这时，美国总统罗斯福还没有休息，他正坐在自己的书房里，同前几天刚出院的密友霍普金斯，讨论着自己如何在卸任后消遣晚年的轻松话题。休尔兹上尉来到总统书房，将这份重要的文件放到总统的桌子上。罗斯福取出电文，一口气从头读到尾，然后，他定了定神，将电报交给密友霍普金斯。

而罗斯福此刻的心情是怎样的呢？时间不可能还原当时的场景，但通过战后休尔兹上尉在1945年珍珠港事件国会联合调查委

员会上作证时的证词，可以隐隐地看出当时罗斯福在开战前的心情很复杂。我们可以从休尔兹的回忆侧面了解到开战前夕罗斯福的心理状态。但是休尔兹并不知道，早在日本轰炸珍珠港的一个月前，罗斯福就召开过一次秘密会议。

1941 年 11 月 7 日，美国白宫也正在召开内阁例会。

会上，罗斯福总统问赫尔国务卿："在这个时刻，你的看法是怎样的？"赫尔国务卿做了近 15 分钟的发言，他对当前国际形势的危机做了分析，又报告了与日本的会谈情况。最后，他说："现在的情况很不乐观，我不知道日本会具体什么时候对美国进行军事打击。但是，我们必须做好战斗的准备。"

然后，罗斯福又一一询问其他人的意见，所有内阁官员几乎都同意赫尔国务卿对当前国际形势的分析。最后，罗斯福总统也发表了讲话，他肯定了赫尔对形势的判断，又命令所有官员都做好最坏的打算和最好的准备。

为了让美国的民众能够对当今严峻事态有一个清楚的认识，美国内阁成员连续发表演说，11 月 11 日，海军部长诺克斯在演讲中指出：

我们不仅在大西洋面临着必须采取自卫手段的局面，而且在世界的另一个地区——太平洋的遥远地方，也面临着可能是同样严峻的局面，我们必须和在大西洋一样迅速做好防御准备。

同一天，副国务卿韦尔斯也在自己的演讲中向民众提出警告：

　　不论在东太平洋还是在欧洲，征服的浪潮正波涛汹涌，将要袭击我们美国的海岸。美国正面临着远比 1917 年更为严重的危机，或许在什么时候我们被迫进行作战。

　　也是在这一天，罗斯福总统命令传送"魔术情报"的人员，要求他们以后再破译日本情报的时候，不要仅仅拿来电报上的重点交由政府，要将全文一起上报。

　　美国政府通过"魔术情报"的破译，对日本的真实意图，了解得越来越清楚了。可他们却没有将这些情况彻底地重视起来，这也是美国珍珠港遭到突然袭击的一个重要原因。

　　1941 年 12 月 7 日早晨 6 时 30 分，美国"守护人"号驱逐舰正在珍珠港港口附近巡逻，突然，舰队上的巡逻兵发现了一艘潜艇的

日本"利根"号重巡洋舰

潜望镜和指挥塔。当时，这艘潜艇尾随在一艘铁制平底船的"安泰勒斯"号拖轮后面，向着珍珠港入口方向驶去。

清清楚楚地观察到这种现象的"守护人"号舰长奥特布里奇上尉断定，这艘潜艇企图穿过港口的防潜艇网，侵入珍珠港内，于是他就大声命令："全舰人员注意，有不同舰艇靠近珍珠港！"

舰桥上的全体官兵一听到命令立即紧张地行动起来。接着，船舰内到处响起了"全舰人员各就各位"的紧急警报。6点40分，"守护人"号驱逐舰以每小时5海里增至25海里的航速向这艘潜艇靠拢。当舰长再次拿起双筒望远镜观察时，发现该潜艇的潜望镜露出水面，并沿着"安泰勒斯"号拖轮的航迹向着港口方向驶去。于是他立即命令："右15°，目标潜艇，深水炸弹攻击开始！""守护人"号驱逐舰随之用一号炮和三号炮进行炮击，并开始投掷深水炸弹。一号炮的炮弹没有命中，从潜艇指挥塔的正上方掠过，三号炮在100米内发射的炮弹击中了潜艇指挥塔下部接近水面的船体。

此时的时间是早晨6时45分，这次炮击行动比日本第一批攻击队开始攻击的时间——早晨7时55分，还要早1小时10分。接着，奥特布里奇舰长立即将这一重要情报用电报向第14海军军区司令做了报告。报告说："本舰正对一艘在防御水域内行动的潜艇进行了炮击，并以深水炸弹发起了攻击。"被"守护人"号驱逐舰击中那艘潜艇降低航速后便向左倾斜沉入海底，附近海面上漂浮起一层油污。

此刻的美国政府对于灾难的降临没有得到一点消息，他们还在思考着如何在谈判中与日本拖延时间，以争取到更多的时间来进行备战工作。最后，美国政府商讨出一个方案，即再向日本政府施以"恩惠"，以求得"暂时的和平"，然后利用这段短暂的"和平"时间，全力做好最后的备战工作。因为此时的美国也越来越清楚地意识到，日本想要发动战争的决心已经是无法改变了。于是，赫尔邀请野村吉三郎去他的办公室进行会谈。但此时的野村吉三郎已经接到日本政府的指示：推迟会谈的时间。

就在野村吉三郎计划向美国赫尔提出要推迟会晤的时候，"日本海军的智囊团"成员全部聚集在东京霞关的大本营海军部作战室里，焦急不安地等待着"预定时刻"的到来。作战室的中央放着一张大桌子，大家都把胳膊撑在桌上，竖起耳朵听着。在一边的墙壁上并排挂着美国海军编制表和金梅尔上将的肖像，也许是心理作用，金梅尔的肖像今天看来似乎以悲痛的神情凝视着这些计划突然袭击夏威夷的人们。

在广岛湾柱岛停泊地区停泊的联合舰队旗舰"长门"号战列舰上，参谋人员们也三五成群地聚集在作战室里。值班参谋是佐佐木彰。作战室的周围墙壁上挂满了整个太平洋海域的巨幅海图和东南亚海域的海图。桌子上放着一架大型地球仪和一张铺开的海图，旁边的小桌子上整齐地摆着作战命令和电报的译码本。

1941 年 12 月 8 日凌晨 2 时 45 分，在夏威夷海军军区值班的预

备役军官卡明斯基少校看着一份已译好的密码电报。这份电报是在珍珠港附近巡逻的"守护人"号驱逐舰舰长拍给第14海军军区司令布洛克的。电报内容是：本舰对一艘在防御水域内行动的潜艇进行了炮击，并以深水炸弹发起了攻击。

卡明斯基想立即同第14海军军区的副官进行联系，但是电话怎么也打不通。于是，他就给太平洋舰队司令部挂了电话，向上级报告了"守护人"号驱逐舰拍来的电报内容。布拉克少校接听了卡明斯基挂来的电话，他立即把电话记录转告值班参谋墨菲中校。当时，墨菲刚洗好脸，换上军装，他气喘吁吁地问道："第14海军军区值班军官对此事的处理是如何讲的？他有没有说过已把这份电报向布洛克司令报告了？"

布拉克刚回答说："没有。"墨菲马上就关照他说："趁我现在正在换军装的时候，你赶快同卡明斯基进行联系，问问清楚他是怎么处理的，是不是已经向布洛克司令报告过了？"

墨菲刚换好军装，布拉克又匆匆地跑回来报告说："挂了好几次电话，总是在通话中，怎么也不通。"

"现在情报紧急，你马上到作战室去准备好海图，查一下现在各舰艇所在位置。我想再挂一次电话试试。"

墨菲拨了好几次电话机上的拨盘，然而总是因为有人在通话而无法联系上。

墨菲越来越着急，于是就指示接线员说："告诉第14海军军区的值班军官，除非最重要的事情，否则禁止挂电话，立即同太平洋舰队司令部进行联系，传达下去！"说罢，墨菲扔下了电话听筒。然后，匆匆忙忙地跑向作战室。

在他奔向作战室途中，电话机响起了刺耳的铃声。这是第2巡逻机部队拉姆齐中校挂来的电话。他在电话中报告说："巡逻机在防御水域内击沉一艘潜艇。"

在拉姆齐刚挂完电话后不久，卡明斯基也挂来电话。他在电话中报告说：已向布洛克司令报告了：为了支援驱逐舰"守护人"号并查明情况，已命令驱逐舰立即出动。

于是，墨菲就给金梅尔司令的寓所挂了电话，把迄今为止已查明的情况简明扼要地向金梅尔司令做了汇报。金梅尔说："我马上到司令部去。"对于现在的情况，金梅尔并没有表现出过于慌张的神情，仿佛他早已知道了这个悲剧迟早会降临到他的身上似的。他脑海中浮现出了日军轰炸珍珠港的画面，他闭上了眼睛，长长地叹了口气。此刻的金梅尔已经隐隐感到珍珠港就要完了。

★休尔兹上尉的证词

1945年，在珍珠港事件国会联合调查委员会上，休尔兹上尉的证词是这样的：

理查森："在你把这些文件交给总统时，书房里出现了什么情况？"

休尔兹："总统慢慢地拿起那份文件，大概看了10分钟，然后就将文件递给了霍普金斯先生。"

理查森："你能详细地描述下当时的情况吗？"

休尔兹："当时大致是这样的，看完文件后，霍普金斯先生把文件递还给罗斯福总统。总统说：'看来战争是避免不了了'，霍普金斯先生同意总统的看法。然后，两人又对日本的情况和将要采取的措施大概交谈了五六分钟。"

理查森："现在你能回忆起他们具体谈了哪些事情吗？"

休尔兹："具体内容我肯定记得，但原话的内容我肯定记不清楚了。霍普金斯先生开头说：'因为战争即将开始，日本在做着很充分的准备，将会在对他们最有利的时候发动攻击。'"

委员会主任："你刚才说的'对他们最有利的时候'是指什么时候？"

休尔兹："是指日本的军队将会在最有把握的情况下发动攻击。"

理查森："在看了这些文件之后，他们是否谈到要发些什么警告或是通告之类的问题吗？"

休尔兹："他们根本就没有谈到这些问题。但只有在谈到战争将在有利于日本的情况下爆发时，总统说：'想同斯塔克将军谈谈。'总统准备打电话给斯塔克将军，想叫他来白宫面谈。当时斯塔克将军正在国家剧院看演出。但白宫的电话接线员打算打电话到国家剧院把斯塔克将军叫来白宫。但总统不同意，总统大概说了这样的一些话：'以后再请斯塔克将军吧。我不希望因为侍者到剧场里寻找斯塔克将军而惊动观众。如果将军突然离开座位，那么观众将会注意到他所处的地位，也许会带来不必要的恐慌。我不希望发生这种事情。反正不到半个小时就可以把他叫来。'"

理查森："总统除了斯塔克将军外，还跟谁通过电话？"

休尔兹："没有再同别人通过电话。"

3. 美军惨败珍珠港

美国的陆军在瓦胡岛上设有五座移动式雷达站，在岛北端的卡胡库角附近的奥帕纳山冈上设置的雷达站里，有许多站岗放哨的士兵。这些士兵悠闲地聊着天，他们做梦也没有想到，一场空前的大劫难正在悄悄来临。

空袭后的珍珠港

"赤城"号航空母舰（油画）

美国夏威夷时间 1941 年 12 月 7 日凌晨 4 点，珍珠港附近的水面已经泛白，天快亮了。

在距珍珠港以北 250 海里处，一支庞大的舰队打破了宁静，如箭一般向珍珠港冲过来。这支舰队由 6 艘航空母舰排成两路纵队，航空母舰的四个角落有 2 艘快速战列舰和两艘重巡洋舰，最外边的一圈是 9 艘驱逐舰，行驶在最前面引导这个巨型舰队的是 1 艘轻巡洋舰和 2 艘潜艇。许多待命多时的战机都静静地等在航空母舰的飞行甲板上，每一架战机的机腹下都挂着重型炸弹和鱼雷，这些趴在航空母舰上的战鹰，即将要放飞，它们的目标就是珍珠港。这支舰队，正是日本海军倾巢而出的偷袭珍珠港的作战舰队。

6 时，天已渐渐放亮，舰队悄悄放缓了行速，"赤城"号航空母舰在指挥官渊田美津雄一声令下，日军 97 式攻击机顺利升空，之后的 40 多分钟时间里，49 架水平轰炸机、40 架鱼雷机、51 架俯冲轰炸机和 43 架零式战斗机分别从 6 艘航空母舰全部升到空中。机群以最快的速度完成编队，然后绕着舰队上空飞行一周后，箭一般飞向珍珠港。

7时02分，美军瓦胡岛最北面奥帕纳山冈上的雷达站中，雷达管制员发现一大队飞机群向北飞来，当他报告给负责值班的泰勒中尉后，泰勒想都没想地告诉他："伙计，你太细心了。不过不用担心，那一定是从西海岸飞过来的B-17机群。"就这样，驻珍珠港的美军错过了最后一个机会。

7时35分，当日军渊田美津雄指挥官的飞机第一个到达珍珠港的时候，整个珍珠港仍然洋溢在一片安静的气氛中，这本来是个普通的星期日早晨，美国士兵们还在醉醺醺地到处闲逛，许多军官经过周末的寻欢作乐，还未起床，一点儿也没有感觉到危机的到来。广阔的天空下，回荡着广播电台的轻音乐，教堂中回荡着柔和的钟声。几架民用飞机在低空懒洋洋的盘旋着，一大片美军舰队，在朝

"加贺"号战列舰（油画）

"瑞鹤"号航空母舰（油画）

阳的照射下显得宁静而安详。机场上整整齐齐地停着一排军用飞机，它们安安静静地趴在那里，像是睡着了似的。

渊田美津雄指挥官见到这样的情景，心中十分高兴，他发出一个信号弹，命令日军的战机群按照攻击的队形以最快的速度排列好，然后发出"虎、虎、虎"的信号，通知日本航空母舰，奇袭即将成功。收到"虎、虎、虎"的信号后，远在 4344 海里外的日本"长门"号战列舰上，工作人员兴奋地将这个消息报告给最高指挥官山本五十六。山本五十六听完报告，面无表情，继续和参谋长下着棋。

偷袭珍珠港曾拟定两种攻击方案：一是奇袭，二是强攻。而高桥伊望海军少佐将渊田美津雄凌空发出的信号弹误认作是强攻，于是他按计划将鱼雷机、水平轰炸机和俯冲轰炸机安置妥当，一时间，日军的俯冲轰炸机、水平轰炸机和鱼雷机同时冲向珍珠港，进行了突然袭击。

"翔鹤"号航空母舰（油画）

7时55分，日军的俯冲轰炸机攻击了第一批目标，分别是美军瓦胡岛周围的几个机场：希凯姆机场，惠列尔机场，埃瓦机场和卡内欧黑机场。大约不到两分钟，鱼雷机开始进攻，它们盘旋在珍珠港上空，投下了雷鱼。特别是离珍珠港不远的希凯姆机场，巨大的机库旁，重型轰炸机一架连一架的排列在停机坪上，毫无戒备，几乎像是正在"等待"着日军的一网打尽。

那瞬间，如同晴天霹雳，炸弹如雨，从天而降，美国飞机被炸得四分五裂，七零八落。只见在一片巨大的爆炸声中，希凯姆机场黑烟腾空，福特岛机场硝烟弥漫，惠列尔机场一样难逃劫数，瞬间升起了高大的烟。仅仅几分钟，日本人就彻底端掉了瓦胡岛的防空：机场已是满目疮痍，遍地弹坑，几百架美机变成了一堆堆冒烟的残骸，即使有几架美国飞机侥幸起飞，也很快就被高度灵活的日本零式战斗机打了下来。

事出意外，空中总指挥渊田美津雄不禁大惊失色："俯冲轰炸机怎么先攻上去呢？"

此时鱼雷机队从希凯姆机场那边穿过海军造船厂进入攻击位置，率领鱼雷机队的村田重治已感到大事不妙，因为他已见到渊田美津雄发射了一颗表示奇袭的信号弹，清楚地知道应该由他的鱼雷机首先对付珍珠港海面上的舰船，但是此时高桥伊望抢先，如果海面上的战舰被硝烟所遮挡，村田重治的鱼雷机就无法下手了。于是仅在高桥伊望攻击后两分钟，村田重治就率领机队抄近路对珍珠港上的战列舰实施了鱼雷攻击。

最初的时候，美军太平洋舰队被这突如其来的攻击吓昏了头脑，等他们渐渐清醒时，停在舰队外侧的"西弗吉尼亚"号战列舰和"俄克拉荷马"号战列舰已经被鱼雷击中，随后，400多名官兵一起沉入水中。这时，美军才如梦方醒，他们立即采取行动，当他们用零星的高射炮进行还击的时候，已经起不到任何作用了。

此时，日军渊田美津雄指挥官率领的水平轰炸机开始了全面的

"苍龙"号航空母舰（油画）

进攻。美军的舰队在日军轰炸机的轰炸下显得特别狼狈不堪，一时间损失惨重。突然，福特岛东侧战列舰队中发生了震耳欲聋的大爆炸，然后，只见浓烟滚滚，许多的美军士兵弃舰四处奔逃。

8时10分，一封"珍珠港遭空袭，这不是演习"的电报发到美国海军部，海军部的指挥官皆大惊失色。

金梅尔上将正准备到司令部去了解"守护人"号战列舰的反潜作战情况，突然传来了爆炸声，他立即奔出麦克拉帕半山腰的住所，向珍珠港那边眺望，不料却被"亚利桑那"号战列舰巨大的爆炸气流重重撞到柱子上。此时，整个美国太平洋舰队覆灭的景象在他眼前展开，这个生活刻板，以遵守职责著称的，近一周来每天都要对部属演讲一次"美日开战24小时内应采取的步骤"的金梅尔海军上将，就像做噩梦一样，他惊呆的表情就像绘画中的一个悲剧人物。

8时25分，日本第一波袭击渐渐平息下来。渊田美津雄驾驶着

"飞龙"号航空母舰（油画）

美国太平洋舰队受到日军重创

飞机在空中盘旋，计算着战争的结果。第一次攻击，日本飞机仅损失9架。此刻，美军从西海岸飞来的12架B-17飞机在已被炸得面目全非的机场上艰难地寻找着可着陆的地方。然而，灾难并未就此结束。8时40分，日本又发动了第二波袭击。这次袭击，由78架俯冲轰炸机、54架水平轰炸机和35架战斗机共同进行。8时42分，日军的167架战斗机更加猛烈地攻击着已经残缺惨淡的珍珠港。美军的作战飞机，在遭到袭击后，仅仅有少量的飞机得以起飞，但刚刚起飞，又被日军的战斗机攻击和轰炸得七零八落。日军飞行队牢牢地保持着空中优势。

这一次，美国首先遭到日本飞机攻击的是一艘鱼雷快艇，它的

弹药舱被 3 颗炸弹命中，巨大的火苗直冲海空。与此同时，在第一次攻击中遭受轻伤的"内华达"号战列舰想要逃走，却被蜂拥而至的日本飞机打中 6 颗炸弹，浓烟和烈火立即将战列舰包围住，舰长为了避免航道阻塞，便立即抢滩，在霍斯皮特尔角搁浅。至此，珍珠港内 8 艘战列舰全部失去了战斗力。

此时的珍珠港，硝烟弥漫，美军的所有舰队几乎都受到了严重的打击，它们破碎的零件似乎在哭泣，为自己惨淡的模样哭泣，也为珍珠港哭泣。

9 时 40 分，日军第二波袭击胜利完成后，渊田美津雄指挥官下令撤离，所有的日军飞机结队返航。飞机返航后，渊田美津雄指挥官强烈建议接下来实施第三波袭击，但南云忠一认为，任务已经超额完成，没有必要再冒风险继续战斗了。于是，他下令所有舰队返航。

珍珠港上的美军战舰受到严重损坏，人员伤亡惨重。

在珍珠港被袭击之前，美国虽然一直在加强太平洋的军事防御力量，但高傲的美国政府一直认为，日本军国主义分子虽然很嚣张，但是无论如何也不敢进攻美国。这种分析，是对日本民族心理、经济困境和军事力量对比的严重误解而产生的。正是美国政府的自大和麻痹的思想，才让美军的舰队也没有任何紧张的防卫。这也是日本能够如此顺利地获得成功的一个重要原因。珍珠港的被袭，让美国在海战中不得不建立以航空母舰为中心的战略思想。这

珍珠港内被击中的美舰发生爆炸，浓烟滚滚

对以后的战争，起到了难以衡量的巨大作用。加之珍珠港被袭，美国国民群情激愤，上下团结，美国所获得的无形成功，比日本要多得多。

珍珠港被袭击后，美国对于这次战争最大的一个疑问就是谁应该对这次失败负责。虽然战争持续两个多小时，但已经有 2400 名美国军人在这次偷袭中丧生。虽然事情结束后，美国政府已经将太平洋舰队总司令金梅尔撤职处分，但国内仍有许多民众，将质疑投向了他们之前无比爱戴和敬仰的罗斯福总统身上。他们认为是罗斯福总统诱使日本打响了战争的第一枪。此外，罗斯福也没有将珍珠港即将被袭的重要消息告诉珍珠港的作战部队。后来，经过详细地调查，并没有确凿的证据将这次罪名定在某一个人的头上。但珍珠港事件留给美国的教训是深刻而惨痛的。

在这次激战中，美国损失飞机 232 架、战舰 18 艘；日本编队共损失飞机 29 架、潜艇 6 艘。日本用非常少的损失取得了巨大的胜利，不得不承认这是一个奇迹。

通过珍珠港大战，日本将美国拉入了战争。珍珠港被袭的消息传向世界后，英国首相丘吉尔笑了，苏联统帅斯大林笑了，中国国民党蒋介石也笑了，他们都知道，日本这次短暂的胜利，付出的代价将是将强大的美国拉入战局。美国一旦加入战争，德、意、日法西斯分子的末日就不远了。英国首相丘吉尔在听到这个消息时，只说了一句"我们终于算是赢了。"然后安静地入睡了。

★突袭后，美日战况

在珍珠港战争中，日本派出的战舰情况如下：

进攻舰队：大约 60 余艘船只参与了这次偷袭行动。

攻击部队："苍龙"号航空母舰、"飞龙"号航空母舰、"翔鹤"号航空母舰、"瑞鹤"号航空母舰、"赤城"号航空母舰和"加贺"号航空母舰，共 6 艘航空母舰；5 艘袖珍潜艇。

警戒部队："比睿"号战列舰、"雾岛"号战列舰，共2艘战列舰；"利根"号重巡洋舰、"筑摩"号重巡洋舰，共2艘重巡洋舰；"谷风"号驱逐舰、"浦风"号驱逐舰等11艘驱逐舰。

巡逻部队："伊字"号潜艇30艘。

补给部队："极东"号等8艘油船。

日本和美国的损失情况如下：

日本的损失：第一波战机9架，第二波战机20架，共计29架飞机，袖珍潜艇5艘。人员伤亡约100人。

珍珠港战争中美国太平洋舰队的损失：

沉没的战舰："加利福尼亚"号战列舰、"俄克拉荷马"号战列舰、"西弗吉尼亚"号战列舰、"亚利桑那"号战列舰。

重伤的战舰："马里兰"号潜艇、"田纳西"号战列舰、"内华达"号战列舰严重受损、"宾夕法尼亚"号战列舰轻伤。

其他战舰："犹他"号靶船沉没、另有3艘巡洋舰、3艘驱逐舰以及3艘其他舰只被炸伤。

损失飞机：232架。

人员伤亡：约2400人死亡，其中1000人死亡在"亚里桑那"号战列舰上，近2000人受伤。

4. 愤怒的金梅尔

当联合舰队司令部的通信兵向值班参谋报告收到前方连续拍来的"虎！虎！虎！"电报时，美国太平洋舰队司令部的值班参谋墨菲中校又给在麦克拉帕寓所的金梅尔司令打了一个电话，向他报告了在第14海军军区值班的预备役军官卡明斯基少校在电话中汇报的一个新情况，即在珍珠港港口巡逻的"守护人"号驱逐舰拍来的第二份电报说：该舰在港外扣留一艘舢板，现正拖着它向檀香山港驶去。

7时55分，停泊在珍珠港内的大大小小96艘美国舰艇正准备在上午8时升起舰旗。在"海伦娜"号轻巡洋舰的后甲板上，琼斯少尉已指挥4名水兵朝着舰尾的旗杆跑去，在战列舰"内华达"号战列舰的后甲板上，两三名军乐队员正在整队准备演奏美国国歌。这些美国士兵们在最后一刻还没有意识到灾难的到来。

就在这个时候，太平洋舰队司令部的一名下级军官气喘吁吁地跑进作战室：

"参谋，瞭望台报告说，日本飞机正在空袭珍珠港，这不是演习！"

听完报告后，墨菲吓了一跳，立即用电话将这个情况汇报给金梅尔，与此同时，他又命令司令部的通讯官员马上向海军作战部部长斯塔克、亚洲舰队司令哈特、大西洋舰队司令金、太平洋舰队所属各部队司令和所有舰艇拍发如下一份特急电报：

"珍珠港遭到袭击，这不是演习！"

7时55分，夏威夷海军军区值班的预备役军官卡明斯基少校听到从南方飞来的飞机引擎声。他隐隐感到不妙，飞快地跑到大楼南边的阳台上一望，清楚地看到飞机机翼上涂有"太阳"形的标志。

美军乘坐汽艇在沉没的"西吉弗尼亚"号战列舰旁搜救幸存者

当他瞪着眼睛茫然不知所措时，飞机已向着战列舰停泊的地方飞去，不一会儿就开始了猛烈地攻击。防御珍珠港的海军负责人、第14海军军区司令布洛克将军则在飞机已开始攻击后一会儿才来到司令部。

在"内华达"号战列舰的后甲板上，麦克米伦指挥的军乐队已经整好队形，正在等待时针走到规定升起舰旗的时刻。就在这升旗前的5分钟，一队飞机已冲向附近的福特岛。接着便是一阵可怕的爆炸声，随着爆炸声一团硝烟腾空升起。麦克米伦看到这一情景，还以为这大概是一次特别演习，并没有引起他注意。军乐队于8时准时奏起了美国国歌，一面舰旗则随着乐曲声从舰尾的旗杆上徐徐升起。就在这时，一架日本飞机擦着港内的海面飞来，向停泊在旁边的"亚利桑那"号战列舰释放了鱼雷，随后就从列队站着军乐队的"内华达"号战列舰后甲板上一掠而过。

金梅尔在电话中听到墨菲报告的"珍珠港遭受空袭"这一消息后，立即从麦克拉帕半山腰的寓所出来飞奔到院子里，向着珍珠港那边望去，这时展现在金梅尔眼前的是一幅美国太平洋舰队将要覆没的悲惨景象。他站在那里一动不动，定睛注视着珍珠港所出现的那种像噩梦一样难以置信的现实情景。

这时，站在金梅尔身旁的第14海军军区参谋长艾尔上校的夫人低声地说："司令，鱼雷好像击中了'俄克拉荷马'号战列舰。""是的，我也看到了。"金梅尔毫无表情地回答说。第14海军

美国太平洋舰队的主力战舰损失惨重

军区情报参谋梅菲尔德中校，这时也身穿睡衣来到寓所后院的草坪上，用双向望远镜观察珍珠港所发生的情况。

经常和金梅尔一起打高尔夫球的夏威夷方面陆军部队指挥官肖特中将，此时穿着高尔夫球衣，正站在谢夫特堡的寓所门口，仰望着天空。这里可以听到远处传来飞机的引擎声和低沉的爆炸声。

当金梅尔来到设在珍珠港潜艇基地的司令部时，他所指挥的那支太平洋舰队的主力已被击沉或击毁。8艘战列舰中的"亚利桑那"

185

号战列舰、"俄克拉荷马"号战列舰和"西弗吉尼亚"号战列舰已被击沉;"加利福尼亚"号战列舰正在徐徐下沉,"马里兰"号战列舰遭到重创,"宾夕法尼亚"号战列舰搁浅在船坞中,剩下的"内华达"号战列舰也被一枚鱼雷和两枚炸弹所击中,已经没有机会进行反击了。

就在这个时刻,取得赫赫战果的第一批攻击队,已经在从容不迫地返航了,朝着北方上空飞去。这是金梅尔一生中蒙受最大屈辱的时刻。他眼睁睁地看着日军对珍珠港进行了疯狂地轰炸,又眼睁睁地看着他们大模大样地离去。这个耻辱是金梅尔在以往的战争生涯中从来没有过的。看着渐渐远去的日军战斗机,金梅尔感到无地自容。

★激动的吉川猛夫

此刻,美国的官兵才突然发现,这不是演习,而是日军对珍珠港的一次真正突袭。可是,当他们明白过来的时候,为时已晚了。这些美国官兵,只能眼睁睁地看着日本战斗机疯狂地轰击珍珠港。

这天早上,日本驻檀香山总领事馆的吉川猛夫,因开战前夕的连日劳累,正在呼呼熟睡。当他被日裔女侍芳江小姐唤醒时,已经是7点半多了。他刚把芳江小姐为他准备的早点放进嘴里,突然传来了一声震耳欲聋的巨响,时间是7时55分左右。

是地震吗?接着又是第二枚、第三枚炸弹的爆炸声和猛烈的炮声。看来好像是大规模的军事演习，出去看一看吧！吉川抱着这种想法走到室外，他看到在薄薄的晨雾中一掠而过的飞机机翼上有"太阳"形的标志。是日本飞机，一定是战争爆发了！为了把这一突然发生的情况告诉喜多总领事，吉川猛夫便飞快地穿过院子里的草坪，向着总领事的官邸跑去。这时，喜多也正向这里走来。"总领事，打仗了。"

"真的吗，是不是搞错了？"

"不，是真的，没有搞错。"喜多紧紧地握着吉川猛夫的手，激动得含着眼泪说，"是我军轰炸珍珠港的声音，战斗终于打起来啦！"

"打起来啦！打起来啦！"吉川猛夫也仰望着天空，一边流着眼泪，一边紧握着喜多的手。此刻，他心中感慨万分，是喜是悲，难以形容，只是站在那里呆呆发愣。

第五章
"谋中之谋"

★ 在演习的过程中，美军机群从珍珠港上空的云层中钻出之后，立即发现世界上最大的珍珠港海军基地就瘫痪在机翼之下，而且根本就没有能力进行反击。在"空袭"的那一瞬间，美国机群没有遭到任何珍珠港防守飞机的拦截。如果被攻击，那么敌军就可轻易将制空权牢牢地掌握了，想要将港内停泊的每一艘军舰毁掉是一件轻而易举的事情。

★ 当日本的国民看到日本向美英宣战的报纸时，都陷入了一片恐慌之中，大家奔走相告，对日本海军的"荒唐胜利"予以谴责，一些作家和学者，都纷纷拿起笔，将这一令人绝望的时刻记录下来。

★ 事实上，这些手无寸铁的日本国民，他们大多数都是热爱和拥护和平的，他们之所以会这样的恐慌，那是因为他们担心日本政府的行为会惹怒美国，日本将会面临着一场巨大的灾难。

1. 演习被套用

夜幕刚刚降临,夏威夷群岛光怪陆离的霓虹灯在黑夜中变换着绚烂的光芒,舞场里翻滚着一阵阵疯狂的爵士音乐,情意绵绵的情侣们在海滨大街旁来回徜徉。这就是被美军官兵视为"神圣周末"的夜生活,美军军官们纵声情色,尽情狂欢。

美丽的夏威夷海滩

这是一个再正常不过的夜晚，然而，再过几个小时之后的清晨，这里却要遭遇一场"绝世浩劫"。

天刚破晓，飞机的轰轰吼叫声突然袭来，一下子把珍珠港星期天早晨那平静安谧的气息撕得粉碎。

然而，这并不是奇袭珍珠港。

这是1932年，哈里·亚纳尔海军上将对珍珠港的一次军事演习。

这位热心航空事业的军官，用"萨拉托加"号航空母舰和"列克星敦"号航空母舰以及四艘驱逐舰组成的特遣舰队打头阵，指挥舰队攻向珍珠港，哈里·亚纳尔要亲自检验珍珠港的防御力量。

★没有吸取教训的演习

在演习的过程中，美国机群从珍珠港上空的云层中钻出之后，立即发现世界上最大的珍珠港海军基地就瘫痪在机翼之下，而且根本就没有能力进行反击。在"空袭"的那一瞬间，美国机群没有遭到珍珠港任何防守飞机的拦截。如果实施攻击，那么美国机群就可轻易地将制空权牢牢地掌握了，要想将港内停泊的每一艘军舰毁掉是一件轻而易举的事情。

让人感到很遗憾的是，在这场演习中，美国人并没有吸取教训和启示。所以，在短短9年之后，珍珠港被袭击的悲惨事件就发生了。

2. 一场"苦肉计"

对于日本偷袭美国珍珠港一事，有的史学家认为这是美国导演的一场"苦肉计"。因为凭当时美国的科技能力，破译日本的电报是完全可能的。如此重要的信息，美国政府在第一时间肯定会知道。

因此，1941年12月6日晚，美国总统罗斯福与诸多高级首脑官员坐在一起，等着看日本进攻珍珠港。

当日本偷袭珍珠港结束之后，罗斯福在全国发表了一通慷慨激昂的演说，宣布正式对日本宣战，而美国的群众也义愤填膺，他们彻底地放弃了孤立主义，开始对日本产生仇恨。白宫这历史性的一幕，是由当时的海军部长诺克斯在多年后对外透露的。而偷袭珍珠港时的种种反常现象，也留给后人一个谜：美国是否完全知道日本的偷袭行动。

当美国破译的电报及时交由罗斯福时，他并没有将这份重要的情报告知当时的太平洋舰队司令官金梅尔上将和夏威夷陆军司令肖特中将。金梅尔将军在后来接受媒体采访时不无遗憾地指出："美国政府可能扣下了珍珠港将要遭受袭击的重要情报，太平洋舰队失去了一次重要的战斗机会，这才是导致1941年12月7日灾难发生的

海盗式战斗机

根本原因。"面对这些情况，美国海军作战部长斯塔克解释道："我不希望通知金梅尔司令，因为这是一个秘密。"

由此可见，罗斯福为了让美国民众支持对日开战，不得不牺牲珍珠港海军基地的舰艇。

按照常理，即使美国高层知道这次日本的袭击计划，他们所要做的，也应该是在大战即将到来之前，想办法加强驻珍珠港的太平洋舰队的军事实力。

可当时的关键情况是，早在1941年初，太平洋舰队所包括的1艘航空母舰、3艘战列舰、4艘巡洋舰、17艘驱逐舰在内的近四分之一作战主力舰队被调拨到了大西洋舰队。不仅如此，美国海军部还将舰队中技能和素质最高的指挥官和部分水兵也分批次调拨到了大西洋舰队。对于这样的事情，太平洋舰队的最高司令金梅尔曾不止一次地向海军作战部部长斯塔克提出建议，希望保留太平洋舰队的强大实力。他曾这样说："在太平洋上，一支强大并且充满杀伤力的重要舰队，无疑会对日本产生不小的威慑，这样日本就不敢轻举妄动。如果将舰队的实力减弱，则极有可能会招引来日本人。只有我们的舰队实力足够强大，有能力去对付日本舰队时，这样在太平洋我们才是安全的，否则，太平洋舰队将处在危险之中。"但对于

"列克星敦"号航空母舰甲板上的美军士兵

这些建议，海军部和海军作战部长斯塔克并没有给予答复。

更让人费解的是，当日本的飞机对珍珠港发动进攻时，太平洋舰队的主力——3 艘航空母舰正好都没有停泊在珍珠港。其中的"萨拉托加"号航空母舰正停泊在圣迭戈接受检修，"列克星敦"号航空母舰还在行驶的途中，"企业"号航空母舰却在珍珠港以西的200 海里处，也在归来的途中。因此，珍珠港遭受灾难时，美国驻珍珠港最重要的 3 艘航空母舰都不在场，这其实也说明了美国早有准备。

对于这些，许多人都认为，高瞻远瞩的罗斯福总统和他的高级参谋们上演了一场苦肉计。而上演这出戏的根本目的，就是因为当时美国国内孤立主义思想非常严重，使得罗斯福总统很多援助英国、苏联、中国等计划受到牵制。罗斯福作为极富远见的杰出政治家，他不惜以珍珠港为代价，激起美国民众的愤恨，以支持美国政府加入到这场战争中来，这也很像他的风格。但是，虽说这是一场苦肉计，美国方面也为了最大程度地减小损失，将 3 艘航空母舰调出珍珠港，躲过了这场毁灭性的袭击。由于当时的机密情报都已销毁，加之当时的参与者都已经去世，人们至今没有找到最直接、最有力的证据。因此，苦肉计之说至今也是一种猜测。也许，历史终究会告诉我们真相吧。

★信件内幕讲述者

1995年9月5日，时任美国总统的克林顿收到了一封神秘且重要的来信，这封信是一名叫海伦·哈曼的女士写的。在这封信里，该女士详细地介绍了她的父亲史密斯曾向她讲述的1941年日本偷袭珍珠港事件中的惊人内幕，她的父亲在第二次世界大战时曾任美军后勤部副主管。她父亲说，罗斯福总统曾经在日本偷袭美国珍珠港前不久的几天里，召开了一个由极少数军官参加的秘密会议。在会议上，罗斯福向到会的人透露了一个惊人的消息：美国政府已经预计到了日本偷袭珍珠港的计划了。为了减少财产损失和人员伤亡，罗斯福命令所有参与这次会议的高级官员们，尽快去召集一批医务人员和紧急的救援物资在美国西海岸的一个港口边集结。等战争结束后，随时待命。

同时，罗斯福还特别强调，参会的人员不准向外泄露会议的内容。甚至连珍珠港的指挥官和红十字会的相关人员，都不知情。看着与会者的迷惑和不解，罗斯福认真地对他们解释说，如果美国政府要向外宣战的话，美国人民是不会支持的，但是如果美国的本土遭到法西斯袭击时，犹豫不决的美国民众才会同意美国加入这场战争。

这封信件在美国社会引起了很大的反响。美国民众对写信的女子海伦·哈曼产生很大的质疑。收到信后不久，克林顿命令美国夏威夷分会的工作人员进行了详细地调查，结果出人意料。在1941

年，珍珠港事件爆发的一两个月之前，美国确实曾经进行过一次非常规的人员储备和物资紧急调动。正是有了这批急救物资，使得美国珍珠港在被偷袭后的急救工作有了稳定的保障。1941年，美国红十字会总部的报表中关于红十字会夏威夷分会前后共接收的医护人员的数量也有清楚地显示。

　　例如，在1941至1942年这段时间里，夏威夷分会通过正常渠道从国家红十字会总部得到价值2.5万美元的医疗急救物品，同时，还通过秘密渠道接收到价值5万美元的药品和物资；接收医护人员2534名，其中1505名是被秘密调去的临时人员。

3.奇袭的影响

然而，日本这场胜利却隐藏着极大的隐患。

首先，是日本国民的担忧。

1941 年 12 月 8 日上午 6 时，日本的东京广播电台播出最新的消息。这次广播与平常的播音不同，不是按平常的顺序，不是女播

指挥飞机降落的地勤兵

音员的声音，而是首先播放蛊惑人心的乐曲和一名军官庄严的声音：日本海军于今天凌晨，在西太平洋同美英军队进入战争状态。

这就像晴天霹雳一样，电波所到之处，震动着日本全国每个人的心。

这个消息的宣布，等于是拿日本全体国民的命运进行了一次大赌注，这是世界历史上最重要的一天，也是日本历史上最重要的一天。

12月8日，这一天是初冬，东京的天气还不太冷，蔚蓝的天空，像一块铅一样压在全体国民的头上，人们心中都不寒而栗。大家都不理解日本为什么平白无故去偷袭美国珍珠港，为什么要对美国的太平洋舰队实施疯狂的打击。然而，在事实面前，日本的民众们都感到无奈与焦虑。

对美英开战的第二天，即1941年12月9日，日本政府要求学术、文艺、戏剧、电影、音乐等各个领域都要配合需要进行宣传。同时，为了控制日本人民反对战争的情绪，日本政府决定将对被视为"反国家的"、"反战的"、"反时局的"、"敌性"的思想和言论进行镇压，由警察和宪兵一起对持不同意见的人进行逮捕。而且，日本警局还召开了新闻出版界会议，公布《新闻记事禁载事项》共十项，即：

一、曲解战争真意，诽谤帝国公正态度的言论；

二、曲解开战的经纬，诽谤政府及统帅部措施的言论；

三、开战时期待德意援助的论调；

四、认为政府和军部有对立的论调；

五、国民对政府的指示不服从，国民不统一的论调；

六、中、美及其他外地有不安定动摇的论调；

七、在国民之间助长反战厌战的论调；

八、助长反军思想倾向的论调；

九、期待和平、使国民士气沮丧的论调；

"列克星敦"号航空母舰的防空炮

十、搅乱战时后方安定的论调。

从此，日本政府不但不许批判战争，连真相的报道和批评的言论都一概禁止，不让国民知道国际和国内的真相，只让国民全面信赖政府和军部的指导。日本国民的一切言论完全被剥夺了，所有的日本人都被置于法西斯专政的极权统治之下。在警察和宪兵的严密监视之下，谁也不敢说出真心话。

大阪一位相声演员笑福亭松鹤在公共浴室里洗澡，以为没有警察或宪兵监视，便对一起洗澡的人说："那非得战败不可。"没想到隔墙有耳，立即便被警察署的人抓去蹲了两个星期牢房，规定他以后不许再说相声。

其次，却是意外地将美国国民团结了起来。

日本偷袭珍珠港把美国决策集团所面临的一切困难问题一下子全部解决了。过去他们一直处在举棋不定的阶段，忧虑国内有许多人反对参战或者保持冷淡态度。现在，全体国民在"不要忘记珍珠港"的共同心声中紧密团结在一起，已经没有孤立主义者和战争介入论者的区别了。通过日本血腥的手把美国人民的意志统一起来，在共同目标下，团结一致奋勇前进。他们的目标只有一个——那就是打败日本，再也没有什么可犹豫的了。

如同美国的格鲁大使不知道战争打响一样，日本的东乡茂德外相也不知道日本驻美大使馆由于工作的拖拉，将递交最后通牒的时间比政府规定的时间迟了 1 小时 20 分，由战前通牒变成了战后通

牒。这件事情，不但让日本在外交史上留下了一个很大的污点，也让美国人捞到了一个很大的好处。

美国政府利用日本人不宣而战的偷袭，在国内提出了"不要忘记珍珠港"的口号。很快，美国民众被激起了强烈的同仇敌忾心理，他们对日本作战的呼声坚定而高涨。这样的结果，是日本政府根本没有想到的。发动这次战争的山本五十六本来希望通过袭击珍珠港这一次战争，打击美国的士气，让美国的海军和美国人民一同陷入沮丧之中，从而丧失斗志。可日本政府没想到，战争的结果适

2004年12月7日，在美国夏威夷珍珠港，几名海员向一艘从"亚利桑那"纪念馆旁驶过的军舰敬礼

得其反，美国人不但没有沮丧，反而比以前更加团结。

在这个特殊的时期，日本东条英机内阁又召开临时会议，会上，东条英机对政府处理重大事情的决心做了说明。

美国人自然不会放弃这样的机会，赫尔国务卿利用日本送上门来的意外"礼物"发表声明，号召全体美国国民为对日本作战而联合起来。声明说："日本是一个狡猾的民族，他们背信弃义，发动了完全无理的攻击。他们在开战之前，还假装和平，派代表和我们进行谈判，应日本政府代表的要求，我国政府代表和这位代表就实现和平的原则和政策问题进行了谈判。当时，日本在表面上表明非常爱好和平，痛恨战争，而他们背地里却不断集结他们的军队，开往准备夺取的战略要地，以便对包括美国在内的世界各国人民发动一场新的攻击和侵略。在这里，我要将日本大使今天交给我的日本对美国建议的答复公诸众人。日本对美国的背信弃义行为，早在日本大使递交这份日本政府的答复文件之前就已经开始了。日本最近公开发表的那些所谓希望和平的声明，全是无耻的虚伪和欺骗，这一点现在全世界已经一目了然了。"

上午8时左右，曾经在珍珠港战争中立下汗马功劳的南云忠一长官向联合舰队司令山本五十六发了一份快报，快报中具体说明了美日两军的战争结果：此次战争，炸沉敌主力舰2艘，重创巡洋舰4艘，炸毁敌机多架，上述结果已经经过核实。我方飞机损失轻微。

日本第 8 战队参谋藤田菊一在大战结束后，将当时复杂而迷惑的心情写进了日记："我军的机动部队终不负所望，出色地完成了上级赋予的任务。不知道指挥中心此刻的心情如何，这场战争的主要指挥者们有何感想，也不知道联合舰队的司令官听到这样的情报会有怎样的想法。不久，这个消息也会传到天皇那里，不知道天皇陛下闻听这个消息时，他与 1 亿同胞的心情将会怎样表达，我想，他们应该很高兴吧。"

同时，南云忠一长官致电山本五十六，舰队将沿第一航线返航。接着，南云忠一再次下令机动部队停止无线电通讯。日军机舰一边严加守备，一边快速北上，朝着与补给队相会合的地点撤退。

当日本袭击珍珠港，美国对日正式宣战的消息传遍世界的时候，许多在法西斯铁蹄下遭受苦难的人们，都欢欣鼓舞，他们似乎看到了一丝希望和曙光。

当英国首相丘吉尔从广播中得知日本偷袭珍珠港的消息时极度兴奋，急忙打电话问罗斯福："日本这次是要干什么呢？"罗斯福总统回答说："他们正在夏威夷攻击我们，我们大家已经坐到一条船上了。"

"我们坐在一条船上"，这句话让英国首相丘吉尔感到特别高兴，他说："我们用自己的力量单独作战的时间已经过去了。"丘吉尔在日记里充满自信地写道："希特勒的命运决定了。墨索里尼的命运也决定了。如果问我日本人的命运如何？我可以肯定地告诉你，他们一定会被打得体无完肤。"丘吉尔首相激动得大声对艾登外相嚷道："看吧！日本人干了什么蠢事，你想想看，往美国牛仔的屁股上捅一刀，这会有什么好结果！不管怎么说，我们不会单独作战了。"

有丘吉尔这种激动心情的绝对不止他一个人。中国人民不分男

丘吉尔

女老幼也同样怀着激动的心情：和全世界被侵略、被压迫的国家和人民同坐在一条船上，迎接着黎明的曙光。

在莫斯科，苏联最高统帅斯大林正在掩蔽部地下室昏昏欲睡，苏联作战部长华西列夫斯基中将匆忙把日本偷袭珍珠港的消息告诉他，斯大林立即两眼放光，亢奋起来："好极了，真是好极了！听听，这群黄脸猴子干得真不赖！"

法国的流亡政府，自由法兰西伦敦总部的戴高乐将军闻讯后，也预见到形势将开始好转。当天晚上，他对帕西上校说："胜利已成定局，今后应该做好收复法国本土的准备。"

荷兰、自由法国、比利时、希腊、加拿大、新西兰、澳大利亚等20多个国家相继对日宣战。

这些结果都在日本人的意料之外，他们没有想到，美、英、中、法、荷、澳等国家会坚定地联合起来一致将矛头指向了德国、意大利和日本。

★恐惧的日本国民

当日本的国民看到日本向美英宣战的报纸时，都陷入了一片恐慌之中，大家奔走相告，对日本海军的"荒唐胜利"予以谴责，大家特别担忧。一些作家和学者纷纷拿起笔，将这一令人绝望的时刻记录下来。

那天日本的社会反响巨大，日本东京有一位叫冈本太郎的画家得到这一消息后，拿起笔将自己沉痛的心情记录了下来：

1940 年秋天，我从度过十年青春岁月的巴黎返回日本。那是因为第二次世界大战越打越激烈，希特勒的军队已经进入巴黎。而我日思夜想的祖国却笼罩在军国主义的气氛中，这让我感觉生活很暗淡。

1941 年 12 月 8 日的那天早晨，我到出版社去看我的著作样本，编辑告诉我："到头来终于开战了！"

"怎么？"我问。

"战争吗？"

"难道是真的吗？"一瞬间，我受到剧烈冲击，像发狂一样全身打哆嗦，一刻也站不住，赶快往外边跑。

"啊！日本已经完蛋啦！我也快死啦！"我向天喊叫。光亮耀眼的冬季天空，残酷的蓝色。

怎么能够干出这么混蛋的事情来呢？

战争打起来了，打起来了，终于真的打起来了！难道会有这样的傻事吗？

其后，我见到几位知识分子，他们好像有信心似的断言日本必胜。难道在这天早晨像我这样绝望的人还是少数吗？

因为我在巴黎陷落前亲自接触过盟国方面的情报，不管德国如何强大，和世界各国为敌一定会失败。日本和德国、意大利联盟，缔结三国军事同盟，我原以为是为了和英美外交谈判时得到讨价还

价的有利条件，我根本就没有想到真的投入了战斗，我真的不了解日本吗？

事实上，这些手无寸铁的日本国民，他们大多数都是热爱和拥护和平的，他们之所以会这样的恐慌，那是因为他们担心日本政府的行为会惹怒美国，日本将会面临着一场巨大的灾难。

4. 美国人觉醒

日本驻华盛顿大使馆并没有忠实地执行"整理好一切文件，做好各项准备工作，接到训令后立即向美方递交备忘录"这项最为重要的训令。即使在最紧急的时候，他们也只是牢牢地记住了"绝不使用打字员"这一训令，并没有随机应变将最重要的情报及时打印出来。

野村吉三郎和来栖三郎两位大使一边坐在使馆门口的汽车里，一边焦急地等待着使馆内的工作人员，他们正在忙着打印文件。野村吉三郎和来栖三郎与赫尔国务卿约定下午 13 时 45 分进行会晤。当打印好的文件一拿到手，两位大使就急忙驱车全速驶向美国国务院。

1941 年 12 月 7 日下午 13 时 50 分，也就是美国夏威夷时间上午 8 时 20 分，美国海军部接到了太平洋舰队总司令金梅尔发来的第一封电报：珍珠港遭受空袭，这不是演习。当美国海军部收到这份电报时，海军部部长诺克斯正在狄龙少校的房间里召开会议，这次会议的参加者有作战部部长斯塔克和作战计划部部长特纳。看完这份来电后，诺克斯脸色大变，他大声叫喊道："怎么会这样，怎么会这样，真是不得了了，这是不可能的！这群混蛋！"

当这份电报送往总统府的时候，罗斯福正在自己的书房里同挚友霍普金斯欣赏自己精心收集的邮册。根据后来会见总统的一些人回忆说："当时的罗斯福的反应，比人们想象的要镇静得多，也轻松得多，他给人的印象是轻松和愉快的。"

美国陆军部部长史汀生在自己的日记中记录了这一天的情景："大约 14 时左右，我刚要吃午餐，总统打来了电话，他以较高的语调问我：'你今天收到过什么消息没有？'我回答说：'是的，我知道日本军队已经在进攻遏罗湾了。'总统当即指出：'不，我所要讲的不是这件事，我告诉你，日军已攻击夏威夷了，日本军队现在正在攻击夏威夷！'"

12 月 8 日上午，罗斯福总统怀着沉重的心情前往国会。这次，他没有坐轮椅，而是由他的长子詹姆斯搀扶着走进大厅。罗斯福向参议院和众议院发表了讲话："昨天，我们遭到了日本蓄谋已久的恶意偷袭，这个日子将永远是我国的国耻。"罗斯福站在众议院讲台上讲述了前一天珍珠港遭到卑鄙偷袭的经过。他说，"现在，我们的国家，我们的领土，我们的人民，我们的利益，都在面临着严重的考验。在这个时候，我们应该团结起来，对日本宣战，以雪珍珠港之耻。"罗斯福在演讲中强烈要求国会批准对日本开战，他向国会全体议员发誓："只要我们团结一致，一定能够将日本彻底打败。"对日开战这项提议得到了参议院全体人员的赞同，参议院一致通过，众议院除一票反对外也一致通过，下午 16 时 10 分，罗斯福佩带哀悼死难者的黑袖章在对日宣战书上签了字。

1941 年 12 月 8 日，美国正式对日宣战。

野村吉三郎和来栖三郎两位大使从赫尔国务卿的办公室出来不久，在珍珠港那边，日本岛崎重和指挥的第二批攻击队正驾驶 167 架飞机飞到珍珠港上空，7 分钟后，日军便开始同第一批攻击队轮番进行轰炸。

就在日本偷袭珍珠港前不久，美国陆军参谋总长马歇尔拍给夏

遭到袭击后的希凯姆机场

罗斯福签署对日宣战书

威夷地区陆军部队指挥官肖特中将一份警告电报。这份电报到达檀香山美国无线电公司的时间，正是日本袭击珍珠港第一批攻击队的指挥官渊田美津雄向 183 架飞机发出"全队突击"命令前的 16 分钟。但是，当地的邮政公司并没有将这份文件进行"优先处理"，而是按照加急电报的顺序来进行递送。

当邮政公司派邮递员将电报送往肖特中将那里的时候，正好是遥远的美国那边，野村吉三郎大使离开国务院的时刻。

当时，檀香山大街上的大楼已经被熊熊烈火烧得不成样子，被炸坏的消防水龙头正喷射出高达十几米的水柱，这就耽误了邮递员的时间，当他将电报送往美国指挥官肖特的手上的时候，已是上午 11 时 45 分了。美军的值班班长接过电报后，看着眼前这个好像是日本人的邮递员，眼神里充满敌意。

当这份密码电报经过翻译，送到肖特的副官丹洛克上校手里的时候，时间已是下午 14 时 58 分了，距日本开始袭击珍珠港，已经过了 7 小时 03 分。

肖特中将一言不发，他仔细地看了这份电报，电报的内容是："日本政府已经在华盛顿时间今天下午 13 时，提出了相当于最后通牒的文件。此外，日本政府还下令立即销毁密码机。此时此刻，正在发生着什么事情我们都不得而知。但是，我们一定要加强戒备。将这一情报也转告海军部队。"

肖特中将仔细思考了一下，然后发出命令："立即将这份电报

的抄本送交太平洋舰队金梅尔司令。"华盛顿时间下午 13 时，也就是檀香山当天早晨 7 时 30 分，这个时刻对于美军到底意味着什么，那是不言而喻的。因此，当这份电报送达的时候，美军早已是被打得一败涂地了。

在这个时刻，美军"亚利桑那"号战列舰、"俄克拉荷马"号战列舰和"犹他"号战列舰；"卡辛"号驱逐舰和"道涅斯"号驱逐

遭袭后，"西吉弗尼亚"号战列舰正在燃烧

舰,已被彻底炸毁。"西弗吉尼亚"号战列舰、"加利福尼亚"号战列舰和"内华达"号战列舰;"奥格拉"号水雷敷设舰均遭受重创,长期不能航行。"田纳西"号战列舰、"马里兰"号战列舰和"宾夕法尼亚"号战列舰;"海伦娜"号巡洋舰、"罗利"号巡洋舰;"贝斯塔尔"号工作舰、"柯蒂斯"号水上飞机母舰也都受到轻微损伤。

美国空军的损失也非常大,陆空基地夏威夷航空部队的 243 架飞机中有 128 架被炸毁。海军基地的航空部队中也有 103 架飞机被炸毁,只剩下 9 架可用的飞机。

获得如此大的胜利,日本方面所付的代价却是微乎其微,他们仅损失了 29 架飞机、5 艘潜艇和 55 名飞行员。战争过后,天空下起了蒙蒙细雨,仿佛大自然也在为美国悲剧的发生而伤心流泪。

美国太平洋舰队的金梅尔司令两眼直直地望着窗外,目不转睛地凝视着珍珠港上太平洋舰队的残骸。他的神情同样凄凉,对于这场惨烈的战争,金梅尔感觉六神无主,内心很痛苦。

日本驻美大使野村吉三郎和来栖三郎终于完成了最后一任大使的全部任务。除了赫尔国务卿愤怒外,他们自己也承认即使遭到"比任何一顿臭骂更为难堪"的侮辱,也只得甘心忍受。在他们两人返回大使馆的途中,美国的广播电台反复广播着"珍珠港遭受攻击"这条消息。

日本袭击珍珠港的紧急报道,让许多正在星期日度假的美国人感到震惊和不安,他们好像受到了莫大的打击和侮辱一样,感到无

比的愤怒。神色紧张的电台播音员已失去平时那种沉着的语调，播报时的声音不时地颤抖。

野村吉三郎和来栖三郎刚刚回到大使馆，日本大使馆的电话就被美国宪兵切断，所有日本驻美使馆的工作人员，都遭到了特别的管制，没有特殊情况，不允许迈出大使馆一步，这种"软禁"持续的时间长达半年。

当时，日本大使馆里由于忙着处理战争的相关事情，忘了关闭大使馆的大门。不久，30多位新闻记者为采访日本大使馆开战时的情况而擅自拥进大使馆的院子里。大使馆的工作人员不得不出来"应酬"。大使馆内的销毁密码机工作还在紧张地进行着，许多密码机在销毁时冒出了一股股白色的烟雾。这股白烟让许多记者感到奇怪，他们不停地在问："那股白色烟雾，到底是什么东西？"

日本大使馆中接待这些记者的是海军武官佐佐木勋一，他用熟练的英语回答着记者的问题："那股烟是在烧东西。你们看，绿色的烟是在烧情书；黄色的烟是在烧美日两国断绝外交的信件。"

面对这样的回答，记者虽然知道他们在有意搪塞什么，但也不好再继续问下去了。

经过了很长一段时间，嘈杂和喧闹的大使馆的门才被紧紧关上。美国还在日本大使馆周围配备了宪兵，以加强戒备。

日军袭击珍珠港后，狂热的美国市民进行了长时间的游行。这些群情激愤的群众为了对日军"偷袭"珍珠港的行动进行报复，准备了装有汽油的燃烧瓶来围攻日本驻美大使馆，他们要烧了日本大使馆，以发泄心头的愤怒。这时，美国的警察连忙上来制止，他们劝这些市民保持冷静，并高声喊道："大家不要记了，我们的格鲁大使等人还在日本的东京。"这些愤怒的市民在警察的劝解下，陆陆续续地离开了日本大使馆，直到傍晚，围在那里的人们才完全散尽。

在东京，日本许多记者都赶到了日本陆军省记者俱乐部，他们每个人的神情都很紧张，内心透露着惶恐与不安。

他们向所有的记者们发布了下面的公告：大日本帝国海陆军已于今天凌晨在西太平洋与美英军进入了战争状态。

一刹那间，记者室内的记者们开始忙碌着，他们在同一时间里发出了开战的第一篇报道。他们每个人的声音都很洪亮。这些新闻界的人士在向国民们做报道时用了如下的描述：

战争来临了，就在这一瞬间，我们每个人都应该永远铭记这份公告，虽然只有短短的 28 个字，但它像一把锋利的匕首刺向敌国的心脏。

记者们坐在那里，手中紧紧地握着铅笔，迅速地在纸上写着这些激动人心的消息，在场的摄影记者们也几乎同时打开了闪光灯进行拍照，这一切仅仅用了 3 分钟的时间，日本开战的新闻发布会就这样结束了。

这次新闻的发布工作，是海陆军在绝对保密的情况下准备的，

日本在许多情报的工作上做得非常保密。正如决定开战的事情一样，仅有极少数人知道，在海军报道部内事先知道这次新闻发布的也只有田代等3人。海军部里负责报道工作的其他工作人员，也都在听完日本电台的新闻广播之后，才得知这一消息的，这些人此刻才恍然大悟，但是，出于职业习惯，这些人还装出一副笑眯眯的样子，仿佛他们早就知道了这件事情似的。

早上7时左右，日本广播电台将记者会发布的公告以"临时新闻"的形式向全体日本人民播报。日本电台在威武雄壮的《军舰进行曲》和《拔刀队》的乐曲声中，反复播放着这个振奋人心的消息。

此时，在日本的首相官邸内，内阁临时会议正在紧张地进行着。会上，岛田海相正对参会人员公布大日本帝国军队与美国进行交战的战报，接着，大家就采取谨慎态度来处理今后局势的问题进行了商议。但是，在如此重要的内阁会议上，有一个非常重要的内阁成员却没有参加，他就是东乡茂德。

东乡茂德正在自己官邸的大会客厅中同美国驻东京大使格鲁进行着最后一次的接见。东乡茂德首先将对美作战的备忘录的抄本递交给了格鲁大使。没等格鲁大使看完，东乡茂德就解释道："你手里的这个抄本是今天在华盛顿向美国政府递交的文件抄本。为表示郑重和对美国的尊重，这份抄本也送你一份。"接着，东乡茂德又继续说道，"现在的形势不容乐观，美国政府的态度也极其

被击沉的"亚利桑那"号战列舰

强硬，他们不与我们做任何合作，谈判不得不就此中断。对此，我深表遗憾。"

格鲁将长达 13 页的备忘录一页一页地迅速翻阅完之后，以不安的神情回答道："这份重要的备忘录，我以后有时间再仔细拜读，至于谈判中断，确实是一件遗憾的事。不过，即使谈判不能进行下去，我也希望能够尽量避免大规模的战争。"此时，格鲁还不知道，战争已经开始了。

东乡茂德对格鲁大使说："大日本天皇对罗斯福总统富有诚意地亲自签发电报表示谢意。作为对这份电报的答复，天皇有意将下列的情况由您转告给美国总统。"

之后，东乡茂德拿出一份日本天皇的信件，信件的内容是这样
的："对于日本政府在法属印度支那增兵问题，美国总统曾提出过质
问，对此，日军是否从法属印度支那撤兵的问题已经成为日美谈判
的一个主要问题。天皇已经指示政府就这一问题向美国政府表明日
本政府的看法。首先，在太平洋地区，为了保护世界和平，天皇已
经做出了最大程度上的努力。但对于我们做得过分的地方，希望美
国总统能够见谅。"

东乡茂德

1941 年 12 月 8 日，在驶往美国的日本"龙田丸"号客船上的无线电通讯局局长打电话报告给加藤事务长："刚刚收到我军大本营发布的一条重要新闻，即大日本帝国陆海军于今天凌晨在西太平洋与美英军进入了战争状态。"

加藤事务长听了这话，大吃一惊，他连忙同船上的政府代表进行联系，并立刻对下一步将要采取的措施进行了商讨。商讨的结果是：轮船必须马上掉头，火速返回日本。

加藤将这一决定告知了木村船长，由于没有接到海军省上级的命令，木村有些犹豫。正在这时，海军省发来电文："龙田丸"号航船立即掉头，全速返回日本。

但是，由于开战的事情事关重大，不能让船上的人知道，以免影响情绪。木村当即开会，除了船上的几名领导之外，严密封锁消息，不能让船上的乘客知道这件事。

然而，船掉头返航，瞒不过富有经验的乘客，许多人都意识到，船并不是驶往美国，而是向横滨驶去。这样一来，船上出现了短暂的骚动。但是，木村和加藤立刻采取了相关的措施，以使骚动没有继续下去。就这样，"龙田丸"号航船顺利地返回了日本。

美国的"企业"号航空母舰，因为向威克岛运送海军战斗机而没有停在珍珠港，因而它幸运地躲过了这次大劫难。哈尔西将军对于这天的具体情况做了如下的记录：

这是一个令人终生难忘的日子，当"企业"号航空母舰上面的

18架飞机朝着珍珠港的福特岛基地飞过去之后，我急忙下了战舰，跑着进了司令室，刮了胡子，洗了澡，并换了衣服，然后就同一起的副官莫顿上尉共进早餐。当我正在喝第二杯咖啡的时候，电话铃突然响起来了。副官马上抓起电话，他似乎问了一些什么，然后又转身过来对我说："司令！值班参谋收到了一封电报，电报中明确表明，此刻的珍珠港正在遭受日军的空袭。"

听到这个消息，我不由得惊了一身冷汗，我吓得跳了起来："你说什么？怎么自己打起来了？你赶快报告金梅尔司令！"

当时，我特别紧张，以为这是由于我没有把今天早晨派飞机先行回去一事预先通知基地，所以防空炮台将这些飞机误认为敌机了。

正在这个关键的时候，通讯参谋杜少校走进来递交给我一封电报，电报上清楚地写着这样一句话："珍珠港遭受空袭，这不是演习。"

当时，我便用扩音器向全舰的人通知了这个不幸的消息，全体舰上人员马上进入战斗状态。此时是8时12分……

当我们在离珍珠港150海里的洋面上晃来晃去地等待舰队集合的时候，一艘旧式驱逐舰出现在东方的水平线上。该舰以惊人的速度迎面驶来，不声不响地从我舰旁边驶了过去……

"你们的舰队要驶向何处？"

"不知道，只是收到全速向西行驶的命令。"

"向我们这边靠过来！"

我所在的旗舰立刻同驱逐舰进行信号联系。因为如果对它不予理睬的话，这艘驱逐舰就会在燃料够用的情况下跑掉……

天黑的时候，"企业"号航空母舰才驶入珍珠港。展现在我面前的只是一幅凄惨的景象。其中，"犹他"号靶船被炸沉在我舰过去经常停泊的地方，情况很糟糕。我立即登上小汽艇，朝着金梅尔司令所在的地方驶去。

但是，在这天夜里，只要我们的士兵看到有什么东西在港内游动，都会用机枪扫射，所以子弹不停地落在我乘坐的那艘小汽艇周围。不过，由于天黑，我没有被击中，现在想起来，这是一件很幸运的事情。

金梅尔司令那里已收到各种各样的情报。有的报告说："在巴巴斯海角出现8艘日本运输船。"也有的报告说："日本滑翔机空降部队降落在卡内奥赫。"这个情报甚至还绘声绘色地将空降部队队员穿什么服装也都报了上来。我不禁笑出声来。这时金梅尔突然改变语调大声叫嚷道："什么事呀！你们到底都在这里笑什么？"

于是我回答说："确实，我今天听到了非常多的荒唐话，但最荒唐的莫过于这份情报的内容。滑翔机根本不会从日本基地牵引过来，就是航空母舰也不可能把这些东西运过来。"

金梅尔和他的参谋人员身上都穿着白色制服，制服上有许多皱折和污迹，而且他们的脸上都没有刮过胡子，显得憔悴，从侧面看

过去，让人感觉很可怜。

与金梅尔的状态完全相反，日本的海军都沉浸在一片喜悦之中。日本的木户在1941年12月8日的日记中写下了这样的话：

"今天的天气格外晴朗，我登上赤坂城门之坡道向三宅坂方向眺望。一轮火红太阳正从远方的地平线冉冉升起，似乎这是一个遥远的希望。我想到我国终于要在今天以美英两大国为对手进入大规模战争。我们的海军航空队已经在今天拂晓大举空袭'檀香山'。我虽然知道这件事情，但我对他们的成功与否表示深切的担忧。因此，我不由得向太阳朝拜，闭目祈祷。七点半的时候，首相和我与两位总长会晤，听到突然袭击'檀香山'取得巨大成功的喜讯之后，我异常高兴，深深地感谢神，赐给我们恩惠。"

当时，怀有这种心情的人不仅仅只有木户一个人，日本许多国

休息中的"企业"号航空母舰的炮手

民都抱有这样的想法，而这种心情也是日本一般国民的真实感情。

与所有人不同的是，山本五十六的心情却有另外的一番滋味，他的怅惘之情与欢呼攻击珍珠港取得成功的国民大众的心情形成非常鲜明的对比。

中午，山本五十六所在的旗舰"长门"号战列舰从广岛湾出发，到了夜晚经丰后水道径直南下。舰上，偷袭珍珠港计划的制造者和指挥官山本五十六正坐在自己的房间里，提起笔来伏案写下了这样一段心里话：

"述志：

此次恭奉大诏，堂堂出击，不难做到置生死于度外。

只是此战乃空前未有之大战，亦当颇费种种周折，充分认识若有惜名保身之私心，怎么也不能完成此重任。

既然如此，不妨吟诗一首：

以身作御盾，

忠心为天皇，

名誉何所惜，

生命亦可抛。"

山本五十六的头脑中，始终在反复思考着这样一个问题，即战争带给他的并不是喜悦，而是失去许多同甘共苦的将士的痛苦。

珍珠港的炸弹把美国人从绥靖计划的梦幻中惊醒了，也使国内吹捧孤立主义的美国人的态度来了一个一百八十度的转变。它将一

个本来意见不齐的国家动员起来了，它使美国国民上下同心协力，决心一起要战胜日本，这对日本来说，从决定偷袭的那一刻起，便已经注定了战败的命运。

震惊了全世界的偷袭珍珠港事件，永远地载入了人类的史册。

★文件递交"推迟"的借口

下午14时05分，野村吉三郎和来栖三郎两位大使来到了美国国务院。而这个时候的罗斯福总统正给赫尔国务卿打电话，罗斯福说："报告我已经收到了，日本军队攻击了珍珠港。"

赫尔问道："你的这份报告经过核实了吗？"

总统回答道："还没有。"

赫尔国务卿告诉罗斯福这份报告是真实可靠的，但考虑到一会儿要和日本的两位大使会晤，于是，他建议总统核实下这份报告的真实性。

下午14时20分，赫尔国务卿在房间里接见了野村吉三郎和来栖三郎两位大使。但是赫尔的态度很冷淡，也没有让两位大使坐在椅子上。

野村吉三郎大使说："我接到日本政府的训令，本来应该在下午13时将这份文件递交给你，但是使馆的电报译读工作比原来预定的时间慢，所以到现在才递交文件"。说完，他将这份日本政府的最后通牒递交给了赫尔。

赫尔问道："你们为什么将会晤时间定在下午 13 时呢？"

野村吉三郎回答道："我也不知道为什么定在 13 时，我只是根据政府的训令行事的。"

接过野村吉三郎的文件，赫尔假装地看了一遍，事实上，美国早就破译了这份文件，但是赫尔并没有表现出已经看过这份文件。看了两三页，赫尔问野村吉三郎，说："这份文件你确定是根据政府的训令递交的吗？"

野村吉三郎回答说："是的。"

赫尔盯着野村吉三郎，很严肃地告诉他："现在我可以很明确地告诉你，我在过去同你进行谈判的 9 个月中，从没有说过一句谎话。这一点，你只要看一下过去的记录，就会知道的。而你们递交的这份文件在我 50 年的从业生涯中，我从来没见过这样狡辩、虚伪的内容。我根本就没有想到，在世界上，竟然会有这样喜欢牵强附会和爱说谎话的国家。"

听完赫尔的话，野村吉三郎好像要作辩解。可是赫尔没有给他们时间，示意他们离开国务卿办公室。无可奈何的两位日本大使只好黯然地离开了国务卿办公室，他们感觉自己很没有尊严。虽然野村吉三郎大使离开国务院时态度很坚决，但是，他的眼角含着泪水。